成语有智慧

罗米 著

人民文学出版社
天天出版社

图书在版编目（CIP）数据

成语有智慧 / 罗米著. -- 北京：天天出版社,2021.9
ISBN 978-7-5016-1739-5

Ⅰ. ①成… Ⅱ. ①罗… Ⅲ. ①汉语—成语—故事—儿童读物
Ⅳ. ①H136.31-49

中国版本图书馆CIP数据核字(2021)第160435号

责任编辑：范景艳	美术编辑：丁 妮
责任印制：康远超　张　璞	

出版发行：天天出版社有限责任公司
地　址：北京市东城区东中街42号　　　邮编：100027
市场部：010-64169902　　　　　　　　传真：010-64169902
网　址：http://www.tiantianpublishing.com
邮　箱：tiantiancbs@163.com

印刷：北京博海升彩色印刷有限公司	经销：全国新华书店等
开本：880×1230　1/32	印张：7.375
版次：2021年9月北京第1版	印次：2021年9月第1次印刷
字数：106千字	印数：1-8,000册

ISBN 978-7-5016-1739-5　　　　　　　定价：40.00元

版权所有·侵权必究
如有印装质量问题,请与本社市场部联系调换。

目录

拔苗助长 / 001

杯弓蛇影 / 006

长袖善舞 / 011

得过且过 / 017

东郭先生 / 022

对牛弹琴 / 028

反戈一击 / 033

覆水难收 / 040

海水不可斗量 / 046

邯郸学步 / 052

画蛇添足 / 057

金蝉脱壳 / 062

金玉其外，败絮其中 / 066

酒囊饭袋 / 072

刻舟求剑 / 077

空中楼阁 / 081

滥竽充数 / 085

老马识途 / 090

买椟还珠 / 095

名落孙山 / 099

南辕北辙 / 105

庖丁解牛 / 111

破镜重圆 / 116

千里送鹅毛 / 123

- 请君入瓮 /131
- 塞翁失马 /136
- 三人成虎 /141
- 守株待兔 /145
- 熟能生巧 /149
- 螳螂捕蝉，黄雀在后 /155
- 亡羊补牢 /161
- 盲人摸象 /166
- 掩耳盗铃 /171
- 叶公好龙 /176
- 夜郎自大 /179
- 一箭双雕 /184
- 一枕黄粱 /189
- 愚公移山 /196
- 鹬蚌相争，渔翁得利 /201
- 运斤成风 /206
- 朝三暮四 /210
- 郑人买履 /215
- 只许州官放火，不许百姓点灯 /219
- 自相矛盾 /224

拔苗助长

【成语释义】

把苗拔起来,帮助苗快点成长。比喻违反事物发展的客观规律,急于求成,只能事与愿违。出自战国《孟子·公孙丑上》。

【成语典故】

宋国有个农夫,总是希望他田里的禾苗长得更高,长得更快,想了很多办法都没有用。有一天,他非常高兴地一拍脑袋,觉得自己想到了一个绝妙的主意,于是跑到田里忙了一整天,把禾苗一棵一棵地向上拔了一截,禾苗看上去一下子就高了很多,他高兴得不得了。

晚上回到家，农夫虽然累得够呛，却十分得意地对家里人说："我今天可干了一件了不起的大事情，我让咱们家的禾苗长高了一大截呢！你们天亮了去看看就知道了！"

第二天，他的儿子跑到田里一看，禾苗全都枯萎了。

这是战国时期的大思想家孟子给一个名叫公孙丑的弟子讲的一个寓言，他本来是告诉自己的学生要修养内心的浩然之气，如果不修养就像不给禾苗锄草的懒农夫，而且还应该靠自己坚定的意志长期坚持，长期在逆境中磨炼，而不是一味逞能，急于求成，像这个傻农夫。

【 文化内涵 】

我国自古以来就是一个农业大国，远古时期的先民很早就认识到自然规律是不以人的意志为转移的，所以人们尊重自然规律，又善于总结规律、利用规律进行农业生产。

我们的农历就是古人总结自然规律的最高成就之一。农历是古人通过观察月亮的圆缺，又根据太阳的位置总结出来的一套高度科学化的历法。它把一年分为二十四个节气，用来反映季节、气候等变化，农民也因此根据不同节气的特点进行相应的农事活动。

我们的农历创立于夏代，又经过历代的逐渐完善，一直沿用到现在，已经有三千多年的历史。我们现在重要的传统节日，如春节、端午、中秋、重阳等，都是农历节日。

此外，蚕桑、茶叶和水稻的种植技术、轮作技术、嫁接技术、选种繁育等，都是古人的创举。古代的水利灌溉技术也高度发达，如修建于战国时期的都江堰正是成都平原成为"天府之国"的关键，迄今仍然发挥着重要的作用。

南北朝时期贾思勰的《齐民要术》、元代王祯的《农书》、明代徐光启的《农政全书》等著作，都是古代农业科技的重要总结。

由于农业是中国古代社会的立国之本，所以历代统治者都极为重视。从西周时期开始，天子就会率领诸侯亲自耕田，后来历代皇帝都要在春分时节进行这种仪式。他们是要用自己的行动做表率，勉励天下百姓积极从事农业生产。

自古以来，农民的劳作就异常辛苦，加上农业受自然条件的影响特别大，真正风调雨顺的好年景并不多。在古代，农民还要承担沉重的赋税和层层盘剥，生活极其艰辛，所以我们才会看到历代都有描绘农民劳动辛苦、生活困苦的诗歌。

唐代李绅的两首《悯农》最为脍炙人口：

春种一粒粟，秋收万颗子。四海无闲田，农夫犹饿死。

锄禾日当午，汗滴禾下土。谁知盘中餐，粒粒皆辛苦。

【代表文物】

古代皇帝为了鼓励和督导农桑，会让宫廷画家创作耕织图。焦秉贞是清代著名的画家，他的这套作品采用一图一文的形式，配合起来表现了春耕、夏长、秋收、冬藏的全过程以及采桑、养蚕、缫丝、织布、剪裁、缝制衣服等场景。这套作品得到了康熙皇帝的嘉许，也引发了一次耕织图的创作热潮。

焦秉贞《耕织图册》
清
台北故宫博物院

杯弓蛇影

【成语释义】

原指把映在酒杯里的弓影误认为蛇，后比喻因疑神疑鬼而引起恐惧。出自东汉应劭《风俗通义·怪神》。

【成语典故】

东汉大学者应劭的祖父应郴曾经出任汲县的县令，他在夏至那天请自己县里掌管文书的官员杜宣来喝酒。当时，他们喝酒的厅堂北墙上挂着一张红色的弓，这张弓映照在酒杯里，看上去就像是一条弯弯曲曲的小蛇在杯子里爬。杜宣看到杯子里的情形，心里又厌恶又害怕，却又碍于上级的面子不敢不喝。这顿酒喝完后，他回到家里就感觉蛇在肚子里翻腾,因此腹痛难忍,食欲大减,身体一下子就变得非常虚弱。家里人给他请了很多大夫,想尽办法,但这奇怪的病却怎么也治不好,大家都不知道是怎么回事。

后来有一天,应郴出门办事,恰好经过杜宣的家,于是便前去探望。他看到杜宣病得十分厉害,就问他到底是什么原因。杜宣说他怕蛇,那天喝酒的时候他把蛇喝进肚子里了,所以这是蛇在肚子里作怪呢。

应郴听了他的话,思索了很久,他想当时并没有看到什么蛇啊,杜宣怎么会把蛇喝进肚子里呢?

他回到厅堂上,仔细回想那天喝酒的情形,突然间他回头望见了墙上挂着的那张弓,于是恍然大悟。应郴连忙派人用车把杜宣从家里接来,又在他们夏至那天喝酒的地方按原样摆上酒席,杜宣的酒杯里果然又重现出蛇的样子。应郴指着墙上的那张弓告诉杜宣,他看到的杯中蛇其实是弓的影子,并不是真的蛇。他又把弓取下来,杜宣杯子里的蛇果然消失了。彻底解除了疑忌,杜宣的病一下子就全好了。

【文化内涵】

我们的祖先很早就学会了酿酒，考古人员在四五千年前新石器时代的文化遗址中，已经发现了大量精美的陶制酒杯。到了商周时期，青铜器里用来装酒的各种"杯子"就更多了，比如爵、尊、觚等，都是装酒的容器，只不过它们并不是日常生活中用来喝酒的酒杯，而是祭祀祖先或者外交、典礼时使用，所以被称为礼器。日常生活中人们用来喝酒的是一种比较扁、比较浅的椭圆形杯子，两侧还有两只小小的"耳朵"，所以叫耳杯，它的两只小"耳朵"像是鸟的翅膀，所以人们又称它为羽觞。

绘有鱼纹和云气纹的漆耳杯
西汉
荆州博物馆

耳杯有陶的、青铜的、玉的，但最流行的是木制的，外表还会涂上厚厚的漆，这样就不会渗水了。漆以红黑两色为主，漆上还会再画上花纹，常见的有飘逸的云气纹或者鱼纹，耳杯中倒满酒的时候，酒水微微荡漾，杯内的花纹也随之轻轻晃动，更增添了醉人的情趣。

大概也正由于此，当弓的影子映到耳杯里，和那些花纹混淆在一起，就更像蛇了。可惜瓷制的酒具要到南北朝才开始发展起来，如果当时用的是瓷杯，杜宣就可以看得分明，不至于弄出心病来了。

【代表文物】

这是一个"套装"，漆盒内装着八个

云纹漆具杯盒
西汉
湖南省博物馆

耳杯，七个顺着叠放，一个反扣，这样可以增强密封性。套装的设计又便于收纳和携带。

耳杯底部写着"君幸酒"的字样，意思就是要客人好好享受美酒。

"君幸酒"漆耳杯
西汉
湖南省博物馆

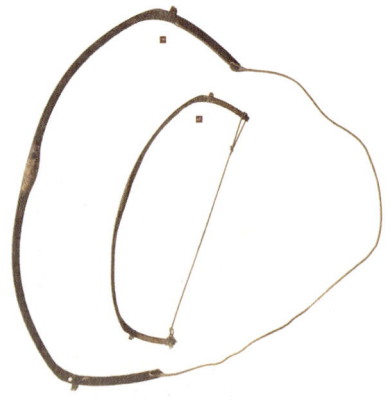

乾隆帝御用桦皮弓（大弓）
顺治帝御用牛角桦皮弓（小弓）
清
沈阳故宫博物院

长袖善舞

【成语释义】

穿着长袖衣服跳舞,就容易跳得好看。比喻条件优越,事情就容易成功,也比喻有财势会耍手腕的人善于投机钻营。出自战国韩非《韩非子·五蠹(dù)》。

【成语典故】

战国时期,魏国有一位极富谋略的政治家名叫范雎(jū)。他少年时期家境贫寒,后来通过自己的努力读书成才,成为魏国中大夫须贾的门客。但他在出使齐国后却被诬陷为通齐卖魏,差点儿被魏国的国相打死。后来在朋友的帮助之下,他改名叫张禄逃到了秦国。

到了秦国以后,范雎想方设法见到了秦昭王,并献上了"远交近攻"的外交政策,深深打动了秦昭王,于是被昭王重用,从客卿做到相国,最后还被封为应候。

范雎为秦国服务的十多年里功绩卓著,秦国不仅巩固了政权,国力也大幅度提升,并且在"远交近攻"的指导思想之下,逐步蚕食周边的各诸侯国。尤其是在长平之战中,他出谋孤立赵国,又以反间计让赵国使用只会纸上谈兵的赵括取代廉颇做统帅,把赵国杀得元气大伤,为后来秦国的统一大业奠定了基础。

对于原先帮助和陷害过他的人,范雎也恩怨分明。他先是羞辱了前来出使秦国的魏使须贾,后来又迫使魏国当年差点置他于死地的魏相自尽。对于帮他逃生的朋友郑安平,则举荐给秦王当上了大将军。

不过,范雎为人十分谨慎,随时害怕受到秦昭王的怀疑,一看苗头不对便称病在家。有一天,范雎在家,有个名叫蔡泽的燕国人求见,蔡泽还口出狂言说自己是天下雄辩之士,只要能面见秦王,一定能取代范雎。

范雎想看看蔡泽到底有什么不凡之处,于是召见了他，还傲慢地问他有什么办法能夺走他的相位。

蔡泽回答说："您的见识不行啊，根本没有抓住关键。正如大家知道的，君主贤明、臣子正直是一个国家的福气；父慈子孝、夫诚妇信是一个家庭的福气。但是历史上忠诚正直的臣子多得很，比如殷商的比干、吴国的伍子胥等人，都没能挽救国家，阻止国家的灭亡，这是什么原因呢？原因就在于国君不够贤明，不能听取他们的意见。在这种情况之下，天下人都觉得国君昏庸糊涂，而同情臣子们。最上等的人不仅有功业声名，还可以保全自身性命；中等的人有声名却性命不保；最下等的人则空有性命，没有声名。您看，秦国的商鞅、楚国的吴起、越国的文种这些人，无不是尽心效忠、功劳赫赫，却又无不惨遭杀戮。他们虽然有声名，却连性命都没能保全，真是很可悲啊！再转头看您自己，您现在的声名、功业不如这三位，但家产、地位却超过了他们，再看看秦昭王对您的信任，却又比不上当年秦孝公信任商鞅、楚悼王信任吴起、越王信任文种。这种情况下您自己还不知进退，没有做好保全自己的准备，我真担心将来您会比商鞅他们还要惨啊！所以，您为什么还不交出丞相的官印，让更贤能的人替代您呢？"

范雎一听这话深以为然，于是便上书秦昭王，极力赞美蔡泽的贤良和才华，推荐他取代自己出任丞相。

秦昭王依言召见了蔡泽，在他长袖善舞、洋洋洒洒地发表了一大通演说后，秦昭王很是满意，于是拜他为相。

蔡泽刚在秦国做了几个月的丞相就被人恶语中伤，为了避免秦王听信谗言杀了他，于是说自己有病便送回了相印。后来，蔡泽再也不愿意谋求高官，他只以小官吏的身份在秦国居住生活，一直活到秦始皇时期，在乱世中得以保全了性命。

【文化内涵】

据考证，长袖舞源于楚文化，其特点就是"翘袖折腰"，战国时期楚国的文人宋玉就写过一篇《舞赋》，其中描写舞者："罗衣从风，长袖交横……绰约闲靡，机迅体轻。"

到了汉代，长袖舞更加流行，上至宫廷贵族，下到平民百姓，都为之倾倒。高祖刘邦的宠姬戚夫人更是个中高手。史料记载戚夫人"善为翘袖折腰之舞，歌《出塞》《入塞》《望归》之曲"，汉高祖对此如醉如痴。

跳长袖舞时，舞人常会一手高举过顶，广袖飘飞，在头顶形成一道彩虹般的弧线一直连到腰部，另一只手则甩向身侧，身体形成曼妙动人的曲线。

汉代人把长袖舞发挥到了极致，不仅有独舞，还有双人对舞，对舞有女子对舞、男子对舞，还有男女对舞；此外还有多人群舞，可以在殿堂、庭院乃至广场表演。

当时流行一种玉舞人佩，生动地展现出了舞者"翘袖折腰"的风姿。

【代表文物】

现在流传下来的玉舞人大多是玉片式的玉佩，这种圆雕的十分少见，造型也比普通的玉佩显得更加精致。这位舞者双膝跪地，身体扭成夸张的S形，胳膊和广袖也形成两道更加舒展的 S 形与之呼应，圆环往复，尽显柔美。

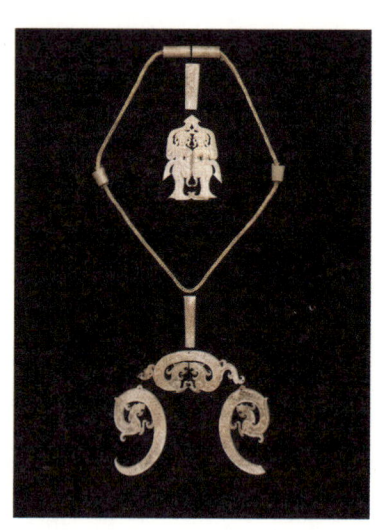

玉舞人组佩
战国
美国弗利尔美术馆

圆雕长袖玉舞人
西汉
广州西汉南越王博物馆

得过且过

【成语释义】

原指过一天算一天,不作长远打算。现在也指工作马虎应付,不负责任。出自元末明初陶宗仪《南村辍耕录》。

【成语典故】

传说五台山上有一种鸟名叫寒号鸟,到了夏天的时候,它的羽毛就会变得绚丽斑斓。这时,寒号鸟就会得意地张开翅膀,唱道:"我的羽毛真美丽,五色羽毛花外衣,凤凰展翅也不如我,漂亮要数我第一。"

整个夏天,寒号鸟就唱着这几句,飞来飞去地炫耀它的羽毛。很快到了秋天,天气转凉,其他鸟儿都忙着寻找树枝树叶做窝避寒，寒号鸟却根本不理会，还是和夏天一样唱着那几句歌。

转眼就到了冬天，刺骨的寒风在森林里呼啸而过，雪花纷纷扬扬地飘落下来。这时候，寒号鸟的羽毛全部脱落了，不仅没了美丽的外表，而且连御寒的"外衣"也没了，晚上它只能缩在石缝里，冻得浑身发抖，不停地说："寒风冻死我，明天就垒窝。"可第二天太阳一出来，它又不愿意垒窝了，于是自我安慰说："得过且过，得过且过。"

就这样，天气一天比一天冷，寒号鸟始终懒得垒窝，最后没等春天到来，再次长出美丽的羽毛，它就冻死了。

【文化内涵】

人们一直在考证寒号鸟到底是什么动物。现在一种比较流行的说法是这种传说中的小鸟不是鸟类，而是一种啮齿类动物，名叫复齿鼯鼠，俗称飞猫，因为它身上长着宽大多毛的飞膜，可以在空中滑行，就像是在飞翔。

大家之所以认为这种小鼯鼠是寒号鸟,因为它有几种特性,一是它住在现成的石缝里,也不垒窝;二是怕寒冷又怕高温;三是可以滑翔,看上去就像鸟类。

山西一带出土的青铜器中有许多凤鸟造型的器物,可能与它的历史渊源有关。西周建立之初,这里是周武王的儿子、周文王的孙子叔虞的封地,传说周文王时期常有凤鸟聚集在岐山,所以作为文王的后代,这里的历代君主可能同样对凤鸟怀有特殊的崇敬。

晋侯鸟尊
西周
山西博物院

【代表文物】

上图是第一代晋侯的陪葬品,这件鸟尊别具巧思地设计了一只回首反顾的凤鸟,与尊盖上的另一只小鸟形成了巧妙的呼应,凤鸟头顶上翘的羽冠也为它增添了非凡的神采。鸟尾巴的构思更是神来之笔,它被铸造成向内翻卷的形状,末端分叉像是舒展的祥云。仔细看,这又是一只象鼻的造型,象鼻根部有极为明

青铜朱雀
汉
山西博物院

显的眼睛纹样，眼睛下面有一道长弧，像是浅浅地刻画出的象牙。而凤鸟向上翻腾的双翅恰似象的大耳朵，从后面看去，鸟尊的后半部分便是一头生动的大象。

这只朱雀形体硕大，展开的尾巴绚烂辉煌，它们一层层地散开、上卷，像是翻腾起伏的祥云，又像是层层涌动的波涛，让凤鸟更显神异。

据考古学家推测，这件青铜器可能是置于宫廷瓦当上的装饰物。

东郭先生

【成语释义】

泛指分不清善恶，对坏人讲仁慈的糊涂人。出自明代马中锡《中山狼传》。

【成语典故】

春秋时期，晋国大夫赵简子带着一队随从去中山打猎，路上遇到一只狼挡住了去路。赵简子立即搭箭向狼射去，狼的前腿被射伤了，带着伤拼命逃窜，赵简子则骑着马在后面穷追不舍。

受伤的狼遇到了骑着毛驴正在路上缓缓行走的东郭先生，于是苦苦哀求他说："先生啊先生，有猎人要杀我，他眼看就要追来了，你快救救我吧！"

东郭先生远远望见一阵阵飞扬起来的尘土,知道追杀狼的队伍马上就要到了,又看它的样子十分可怜,于是动了恻隐之心。东郭先生说:"我倒是很想救你,可是我怎么救呢?"

狼看见了驴背上的书袋子,于是对东郭先生说:"你把这个袋子里的书倒出来,让我钻进袋子里吧!"东郭先生为难地看着那个小书袋,说:"你的身体这么大,书袋这么小,怎么装得进去呢?"

眼看着赵简子的队伍越来越近,东郭先生也只好让狼试一试。狼把自己的四条腿使劲地蜷缩起来,把头抵到尾巴上,身体缩成了一个小球,东郭先生终于把它装进了袋子,又在袋子口上装了几本书遮掩,就这样赶紧退到了路边。

赵简子带着他的随从赶来,看到了路边的东郭先生,于是问他有没有看到一只前腿受伤的狼逃走,东郭先生随手指了一个方向,便把赵简子骗走了。

书袋里的狼听到他们的对话,又听出赵简子的人马走远了,就在袋子里叫唤:"先生啊先生,谢谢你救我,你现在快把我放出来,受我一拜吧。"听它这么一叫,东郭先生才战战兢兢地把它放出来。

可是,这只狼一出口袋刚把身体伸展开来,就恶狠狠地对东郭先生说:"刚才多亏你救我,我才能逃过大难。不过,你把我快憋死了,现在我也饿得要死,你干脆好人做到底,让我吃了你吧!"说着就张牙舞爪地扑向东郭先生。东郭先生吓坏了,连忙绕驴躲避,边躲边和狼商量:"我救了你,你却要吃我,你真是忘恩负义啊,我们得找人评评理!如果有三个人说你应该吃我,我就让你吃了!我不相信这世上没有天理!"

狼爽快地答应了。

他们前看后看,路上没有一个行人,只有一棵老杏树,于是狼逼着东郭先生去找杏树评理。老杏树听了他们的事,说:"种树的人只种下了一颗杏核,二十年来他一家人却吃了我那么多果实,还靠卖我的果实过生活。我这么努力,贡献这么多,现在我老了,他们还要把我砍了卖给木匠。你对狼只有这么一点恩德,它为什么不能吃你呢?"狼一听很高兴,径直扑向东郭先生。

这时，正好有一头老牛干活回家，东郭先生连忙拉着老牛评理。那头牛对东郭先生说："当初我是老农民用一把刀换回家的。我帮他拉车、犁田，辛辛苦苦养活全家人。现在我老了，他却要杀掉我，把我的筋骨皮肉卖了换钱。你对狼只有这么一点恩德，它为什么不能吃你呢？"狼听了，更加凶相毕露。

这时，走过来一位扛着锄头的老人，东郭先生急忙上前请老人评理。老人听东郭先生讲了事情的缘由，便对狼说："俗话说，虎狼也知道要报恩。他救了你，你为什么要恩将仇报呢？"狼狡辩道："他用袋子困住我的身体，又用书压住我，差点儿把我憋死，这哪里是救我，分明是要害我，我为什么不能吃他？"老人说："你们各说各有理，不过我有一件事不能判断，你的身躯这么大，书袋子这么小，他是怎么把你装进去的呢？不如你们再试一次，我看了就不会怀疑你了。"狼高兴地蜷缩起身体，又钻进了口袋里。老人赶快扎紧袋口，拿着锄头两三下就把狼打死了，然后转身对东郭先生说："这种吃人的畜生是不会改变本性的，你和它讲仁义道德，实在是糊涂啊！"

【文化内涵】

因为这个故事,"东郭先生"成了一个著名的典故,人们用他代指那些不分善恶的糊涂人;"中山狼"也成为一个典故,指那些忘恩负义、得志便猖狂的恶人。

故事中的赵简子也是著名的历史人物。他原名赵鞅,是春秋时期晋国的大夫,也是杰出的政治家、军事家。正是在他手里,赵氏家族的实力越来越强,领地越来越大,慢慢开创基业走向辉煌。

赵鞅死后,赵氏家族又经过几代领袖的努力,最后与韩、魏一起瓜分了晋国,史称"三家分晋"。

三家分晋标志着春秋结束,中国就此进入战国时期。

【代表文物】

春秋战国时期,各诸侯国或卿大夫之间为了组织联盟共同对付自己的敌对势力,会举行盟誓活动。他们会把誓约的内容写下来,一式两份,一份藏在专门掌管盟约的机构里,一份埋在地下或者沉到河里。侯马盟书是用毛笔写在玉石片上的,字迹大多是红色的,有人考证这些可能就是当时晋国的赵鞅和卿大夫之间的盟约。

现在,侯马晋国遗址出土的侯马盟书共五千余片,内容十分丰富驳杂,有的条款要求大家一同效忠盟主,一致讨伐敌对势力,有的是盟誓不再扩充奴隶、土地和财产的,有的是诅咒某些罪行,有的是占卜的内容,体现了春秋晚期政治、军事、经济、思想、生活等多方面的状况。

侯马盟书
春秋
山西博物院

对牛弹琴

【成语释义】

比喻对愚蠢的人讲高深的道理,现在有时也用来指说话做事不看对象。出自东汉牟融《理惑论》。

【成语典故】

春秋时期,鲁国有个音乐家叫公明仪,他很善于弹琴,听到他琴声的人都如痴如醉,对他的技艺赞不绝口。

有一天,公明仪带着他的琴来到郊外散步。他感受着和煦的春风,看到一头牛正在吃草,突然兴致大发,想要为这头牛演奏一曲。于是他对着牛深情地弹起了《清角》,据说这是黄帝在梦中得到上天启示创制的曲子。

公明仪虽然弹得很投入,牛却根本不理会,连头都没有抬一下。公明仪以为自己离得太远了,牛没有听见这么美妙的琴声,于是抱着琴走到牛跟前继续弹。即便如此,牛也不过抬头看了一眼,又低头继续吃草去了。

【文化内涵】

在我国古老的农耕文明中,牛是主要的畜力,耕地、运输都少不了它,所以牛的地位一直都非常高。早在三千年前的周代,就制定了"诸侯无故不杀牛"的礼法,只有在天子祭祀天地祖宗时,才能用牛、羊、猪作为祭品,称为"太牢",而诸侯祭祀的时候不能用牛,只能用羊和猪,称为"少牢"。

古代用于祭祀的牲畜都被称为"牺牲",它们都是"牛"字旁,这也表明牛在祭品中地位最高、最重要。

在商代,甲骨文就是刻在龟甲和牛的肩胛骨上的占卜文字,可见人们对牛还有一种特殊的崇敬。

汉代对牛的保护更甚,当时法律规定不许杀牛,

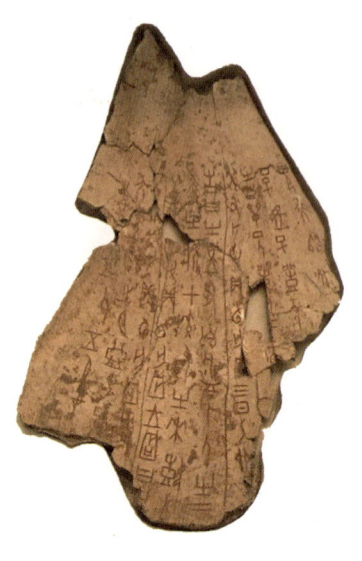

卜骨
商
中国国家博物馆

不经官方许可私自杀牛犯的是砍头的大罪,而且即便要杀也不能杀青壮年的牛,只能杀老牛。后来历代都有严格的律令来保护牛,一直到清代都对杀牛有明确规定:只有生病和极其衰老的牛才能杀,宰杀不仅要经过官方审批,过程还要按照标准进行。

由于牛是最重要的农业生产资料,和人们的关系实在太密切,所以许多古代神话传说中,牛也被拟人化了,比如在牛郎织女、七仙女与董永的故事中,都有一头忠诚的老黄牛。它们不仅是主人公的忠实伙伴,甚至还是他们的人生导师呢。

另外,现代农业科学家也在不断探索对牛的精细化饲养,他们发现让牛听音乐,真的能帮助牛放松,有助于提高牛肉的质量和牛奶的产量。

【代表文物】

古代富人一般乘坐马车,但是到了魏晋南北朝时期,许多贵族不堪马车的颠簸,更喜欢牛车的缓慢平稳,加上牛的负重能力更强,牛车可以设计得更大更豪华,于是牛车在魏晋南北朝时期一度极为流行,成为贵族特别喜爱的出行代步工具。

陶牛车
北齐
中国国家博物馆

这组陶牛车的牛极为雄健昂扬,一对巨角高高竖起,从容阔步的样子显得派头十足。

下面是一张祭祀时盛放祭品的"桌子",采用了猛虎扑牛的造型,又别具巧思地在牛的腹部掏出一个空腔,塑造了一头稚气的小牛。猛虎的四只利爪牢牢地攀附在牛尾处,嘴巴咬住牛尾,大牛却忍着痛一动不动,为的只是保护小牛,作品中深沉的慈爱感人至深。

牛虎铜案
战国
云南省博物馆

画家惟妙惟肖地表现出牛的不同毛色、不同姿态、不同神情,堪称中国牛的"写真集"。

韩滉《五牛图》
唐
故宫博物院

反戈一击

【成语释义】

戈是古代的一种兵器,反戈一击指掉转武器向自己原来所属的阵营进攻。出自《尚书·武成》。

【成语典故】

反戈一击的故事发生在武王伐纣时的大决战——牧野之战。

商代最后一个君主商纣王是个无道昏君,他为了饮酒作乐,专门挖了一个池子,在里面倒满酒,又专门安了许多木桩,在上面挂满了肉食,称为"酒池肉林"。他还发明了许多极其残酷的刑罚,残害忠良,罪行数不胜数,于是位于西部的周部落想要讨伐商纣王。

周部落主要生活在岐山（现在陕西岐山一带），他们的部落首领很早就有取代商朝成为天下共主的计划，所以一直励精图治，使得这里政治比较开明，老百姓的生活也比较富足。

经过几代首领的努力，周的实力越来越强，渐渐引起了商朝的注意，并被商朝视为隐患，有时候还派兵征讨。商王文丁为了扼制周的发展势头，杀了当时的周王季历，这就激化了商周之间的矛盾。

季历的儿子姬昌继位后，一直想要为父亲报仇，但当时周的力量还不足以和商抗衡，所以姬昌只能忍气吞声。商纣王为了压制周，不给周人反抗的机会，便把姬昌囚禁起来，还杀了他的儿子，并做成肉汤强迫姬昌喝下。周人压住心头的愤恨，用宝马、美女贿赂商纣王，终于求他释放了姬昌。

姬昌归国后加紧准备讨伐商纣。他努力倡导生产，搜捕逃亡的奴隶，防止人口流失，又广纳天下良才辅佐自己，使得周的实力越来越强。先是周围的一些小部落被周收入旗下，后来周边的一些小国也被周征讨兼并。周慢慢把自己的势力范围深入到商的腹地,以至于到了后来,周已经拥有天下三分之二的领地。

不过,伐纣最后决战还没有打响,姬昌就逝世了,他的儿子姬发继位后,按照父亲制定的战略方针一步步开始了伐纣大业。

一边是周步步为营,一边是商江河日下。商纣王暴虐地杀死叔叔比干,囚禁了兄长箕子,他的许多臣子不堪忍受纣王的暴政,纷纷跑去投奔周。这时,姬发觉得取代商的时机已经到来,于是联合诸侯组成了大军,在祭祀了自己的父亲姬昌之后,率领军队向东行进讨伐商纣。

周人伐纣的过程非常顺利,大军所向披靡,很快就到达了商朝的都城朝歌郊外的牧野(现在河南淇县)。在牧野,大军举行了誓师仪式。姬发向将士们说:"来自西方的人啊,你们一路辛苦了!"又说,"我的友好邻邦的君主们,举起你们的戈,排好你们的盾,竖起你们的矛,我要宣誓了!"誓师完毕后,参加会盟的周人军队和其他诸侯军队共有战车四千辆列阵于牧野。

还在饮酒作乐的商纣王听说姬发前来进攻,立刻发兵七十万抵挡。不过,这些纣王的士兵都是临时拉来的奴隶俘虏,虽然人数众多,但他们都痛恨商纣,因此无心作战,只盼着周人的军队赶快攻入。于是在与周军对峙时,纣王的军队调转矛头转而攻击纣王,周军势如破竹,很快兵临城下。

商纣王走投无路,只能跑上他自己花费了巨大的人力物力建造的鹿台,把他的珍珠宝玉都穿戴在身上自焚而死。

商朝至此灭亡,姬发建立了周朝,史称他为周武王,他的父亲被他追封为周文王。

周朝立世八百年,成为中国历史上最长久的王朝。周朝制定的分封制度、宗法制度、礼乐制度等,都对中国历史文化产生了深远的影响。

后来孔子就说:"周朝的礼仪制度借鉴了夏、商二代,它是多么丰富繁盛、文采华茂啊。我遵从周朝的制度。"

【文化内涵】

古代著名的神怪小说《封神演义》就是围绕武王伐纣展开的。书中极尽想象，把武王伐纣的过程描绘成神、人、妖三界的争斗。周朝建立后，辅佐武王的文臣武将都受到封赏，有些还就此被封神。

《封神演义》中塑造了许多人们熟悉的形象，比如年过七十还在渭水上钓鱼的姜子牙。他钓鱼不用鱼钩，因此留下一句歇后语：姜太公钓鱼——愿者上钩。姜子牙一路辅佐文王、武王，在伐纣过程中运筹帷幄，立下赫赫功劳，武王后来将齐国封给了他。

哪吒也是书中塑造得最成功的形象之一，像哪吒闹海、剔骨还父、莲花化身等，都是脍炙人口的故事。哪吒加入伐纣的队伍后，凭借高强的武功和乾坤圈、混天绫、风火轮等法宝立下奇功。他的父亲李靖因常常手托宝塔而被人称为托塔天王。

1979年上映的动画片《哪吒闹海》是我国第一部大型彩色宽银幕动画长片，在国内外各大电影节上获得过许多奖项，成为中国动画电影的代表作。

书中还有一些人物，如后来成为二郎神的杨戬以及雷震子、黄飞虎等形象也十分鲜明，并受到大家喜爱。直到现在，《封神演义》还是动画片和影视剧的素材宝库。

【代表文物】

商周时期，王公贵族遇到重大事件就会铸造青铜器作为纪念，有时候还会在青铜器上铸上文字，详细

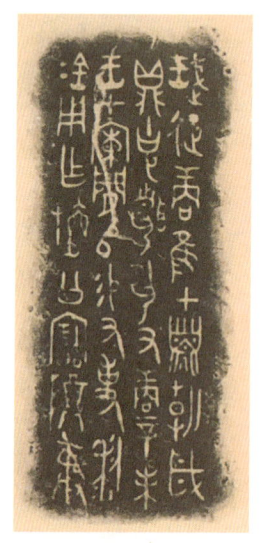

利簋及其铭文
西周
中国国家博物馆

地说明事件的经过和铸造的缘起。

利簋是现在发现的第一件西周青铜器。利簋上的字就恰好记载了武王伐纣的事。

这段文字大意是：甲子日清晨，武王带领他的军队讨伐商纣，一夜之间就占领了朝歌，灭了商。八天后的辛未日，武王在阑师论功行赏，赐给一个叫"利"的随行人员许多贵重的金属，主要是铜和锡等，利便用这些金属铸造了祭器，以纪念他的祖先檀公。

因为铸造这个簋的人叫"利"，所以它就得名"利簋"了。

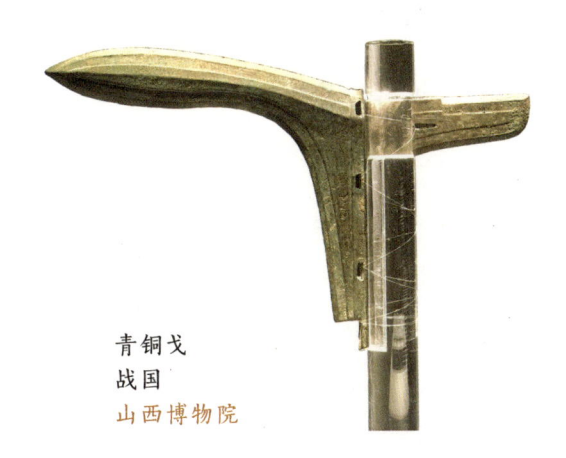

青铜戈
战国
山西博物院

覆水难收

【成语释义】

倒在地上的水难以收回,比喻事成定局,无法挽回。出自南朝范晔《后汉书·何进传》。

【成语典故】

商代末年,由于商纣王昏庸无道,任用奸臣,残害忠良,许多商代的官员都弃官离开,姜子牙就是其中一位。

姜子牙弃官后隐居在陕西渭河边,每天就在河上钓鱼。但是他用的鱼钩很奇怪,既没有弯钩又不挂鱼饵,这样自然不可能钓得上鱼来。因为,他的目的根本不在钓鱼,而在"钓人",他想以此寻找到一个能够赏识他，可以让他充分发挥才智去干一番大事业的君主。

不过，在没有遇到这个值得辅佐的人之前，姜子牙的生活很快就陷入了困顿，他的妻子非常生气，骂他又穷又没能力，不愿再和他一起生活，执意要离开他。姜子牙劝妻子给他一点时间，发誓总有一天一定会让她过上富贵日子。时间一长，妻子看他没有一点发达的迹象，也就不肯再相信他了。姜子牙挽留不住，无奈之下只能让她离开。

过了不久，当时在陕西一带的周部落实力越来越强大，首领姬昌（就是后来的周文王）四处寻求贤良之士，有一天看到在渭河边钓鱼的姜子牙很是与众不同，和他交谈一番之后，被他的战略思想和雄心所打动，便请他出山担任重臣。

姬昌去世后，他的儿子姬发（就是后来的周武王）看到讨伐商纣王的时机成熟，便任命姜子牙为统帅，出兵一举灭了商，建立了周。姜子牙立下赫赫大功，被周武王封在了齐地，成为后来春秋战国时期东方大国齐国的始祖。

受封后的姜子牙获得了无上的荣耀和富贵，他的妻子这时后悔当初自己的决定，于是跑回来请求姜子牙和她恢复夫妻关系。但这时的姜子牙早已对这个贪图富贵的人死了心，便端来一盆水泼到地上，对她说："你既然已经离我而去，就像是水倒在了地上，现在你要回来，就像要把这些水再收回到盆子里，你可以做到吗？"

【文化内涵】

商周时期，贵族们举行祭祀等重大礼仪活动之前，都需要洗脸洗手以示虔敬，这就产生了一个专门的仪

铜盎和铜匜
春秋
湖北省博物馆

式——沃盥之礼。

在行沃盥之礼时，需要两件青铜器配套使用，用来浇水洗手的器物叫匜（yí），形状像一个水瓢，用来接脏水的则是盘。有的盘特别大，像西周的虢（guó）季子白盘长137厘米，宽86厘米，相当于一个巨大的"浴缸"。

还有一种更大的盛水器——鉴。有的鉴非常大，可以用来沐浴，有的装上水可以当镜子照，所以后来有了"镜鉴"一词。

青铜冰鉴
战国
中国国家博物馆

【代表文物】

上图是目前发现的最古老的"冰箱"。一般的鉴只有一层,相当于一个大水盆,但这个冰鉴却有两层,中间还套着一个用来装酒的缶,夏天的时候缶内装满酒,鉴内装满冰,贵族们就可以喝到冰镇的酒啦!

虢季子白盘
西周
中国国家博物馆

上面这件巨大的青铜盘内底部铸刻着文字,讲述了它的来历:当年虢国的子白奉周王之命出战立功后,

晋公盘
春秋
山西博物院

周王对他进行了赏赐，他因此铸造了这件青铜盘作为纪念。

上面这件晋公盘展现了春秋时期青铜器铸造的高超技艺，盘内铸造着各式各样的动物，有水鸟、青蛙、乌龟、鱼等，它们都可以360度转动，盘底还有双龙纹，真是一个奇异又活泼的水世界。

海水不可斗量

【成语释义】

用斗量大海之水，是无法知道海有多大的。比喻不可按照人的现状而低估他未来的发展。出自西汉刘安《淮南子·泰族训》。

【成语典故】

这个成语常常与"人不可貌相"连用。

在《西游记》第六十二回《涤垢洗心惟扫塔，缚魔归正乃修身》中，唐僧师徒千辛万苦通过了火焰山的考验，又向西行了很久来到了祭赛国。

远看祭赛国，高堂广厦华彩非凡，可与大唐相媲美，可是走近一看，唐僧师徒却发现一些僧人披枷戴锁在做苦力,还受到羞辱。一问情况才得知,原来他们是金光寺的和尚。

金光寺的塔顶宝刹上原来有佛宝舍利,所以塔顶总会有祥云笼罩,夜放霞光,吸引了周边国家前来朝贡,祭赛国因此成为西域的一个极有威望的大国。但是,有一天夜里突然下了一场血雨,宝塔被污染,佛宝也不见了,周边国家也不再前来朝拜。国王认为是金光寺的和尚盗走了佛宝,一怒之下把他们全都关押了起来。

唐僧听完以后,知道其中必有妖怪作祟,想为和尚们洗刷冤情,于是到了晚上,他让孙悟空陪同他前去拂扫金光塔,并且辨明冤情。

就在扫塔之时,孙悟空在塔顶捉到两个鱼怪,从他们口中得知,原来是碧波潭老龙王的驸马九头虫偷去了佛宝。

第二天,唐僧面见祭赛国国王,请求交换通关文牒(相当于我们现在的签证),说到金光塔佛宝一事,并且陈述了和尚们的冤情,还向国王保证让自己神通广大的徒弟捉拿真凶,找回佛宝。

国王一听十分高兴,便请徒弟们上殿。结果一看见孙悟空三人怪异的相貌，很是吃惊，便问唐僧："圣僧您容貌如此庄严丰美，您的高徒怎么相貌这样难看？"孙悟空听了很不高兴，便大声叫道："陛下，人不可貌相，海水不可斗量。您如果只喜欢长得好看的人，怎么捉拿妖怪呢？"国王一听，觉得他说得有道理，便惭愧地说："圣僧您说得对。我现在也不是在选美，只想捉拿盗贼拿回佛宝，长得好看确实不如本事大有用。"于是派人好好协助他们前去捉拿妖贼。

经过一番斗智斗勇，孙悟空最终战胜了九头虫，夺回了佛宝。祭赛国国王大赦被冤枉的和尚，佛宝又重新回到金光塔上，光芒万丈。

【文化内涵】

我国历史上有很多故事都在说明"人不可貌相，海水不可斗量"这个道理。

春秋时期齐国的晏婴个子非常矮小，却能言善辩，机智过人。他出使楚国时，楚王本想借机羞辱他，却被他的机智折服，最后给予他特别的尊重。

春秋时期的澹台灭明也天生奇丑，一开始连孔子都不看重他。但他潜心向学，勤谨修身，才干和品行得到世人的赞美，孔子也不禁感叹自己原先凭长相判断，是看错了他。

还有三国时期与诸葛亮并称为"伏龙凤雏"的庞统，也因为相貌丑陋，一开始不被刘备重用。后来刘备发现他才华盖世，于是加以重用，他也为刘备建立基业立下了赫赫大功。

这样的例子不胜枚举，所以我们要记住，与人交往可不要以貌取人哦。

【代表文物】

我们常常把测定长度、容积和重量的工具统称为"度量衡"，具体来说，量就是用来测定容积的器具。

新莽嘉量
西汉末年新莽时期
台北故宫博物院

古代的计量单位是二龠（yuè）为一合，十合为一升，十升为一斗，十斗为一斛（hú）。古人也用升、斗等单位来量米，一斗米大约 30 斤。这件新莽嘉量看上去平平无奇，但实际上设计非常巧妙，把斛、斗、升、合、龠合在一个器物上，是我国古代的标准量具。

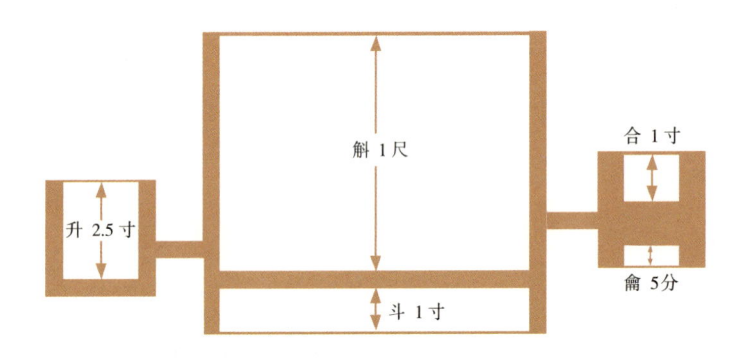

斛 1 尺
合 1 寸
升 2.5 寸
龠 5 分
斗 1 寸

这就是嘉量的剖面图，我们可以清楚地看到五个基本的计量单位是怎样被巧妙地合为一器的。

右侧是一套被制作成方斗样式的银酒杯，从大到小一共 12 件，可以一个一个严丝合缝地套起来，就像俄罗斯套娃一样。最大的口径 8.2 厘米，底径 4.5 厘米，高 4.2 厘米，容量超过 150 毫升，也就是三两酒；最小的口径 4.5 厘米，底径 2.5 厘米，高 2.8 厘米，大约只有 33 毫升，不足一两。

银方斗式杯
清
故宫博物院

用它们来量海水肯定是不行的，但用来喝酒就很吓人了，没有海量的人，用这一套喝下来大概也受不了。

邯郸学步

【成语释义】

原指学习邯郸人走路的姿势,后比喻一味地模仿别人,连自己原来会的东西也忘了。出自战国庄周《庄子·秋水》。

【成语典故】

战国时期,燕国的寿陵城有个年轻人听说赵国的邯郸城非常繁华,人们也十分优雅,连走路的姿势都特别优美,于是他便兴冲冲地来到邯郸学习当地人的走路姿势。结果,学来学去,他不仅没有学会邯郸人走路的姿势,连自己原本走路的姿势也忘了,最后只好爬着回去了。

【文化内涵】

邯郸是一个文化古都,早在八千多年前,这里便有人类活动,甚至传说女娲抟土造人就是在这片区域。

"邯郸"这个地名在三千年前就已经出现,并且作为城市名一直沿用至今,这是极为罕见的特例。

邯郸地理条件优越、水利资源丰富,适合发展农业,因此这里自古以来就是人口聚集的都会。加上它位于中国南北交通的干道上,所以成为历史上许多朝代的都城。

战国时期,邯郸作为赵国都城长达158年,同时也是北方最重要的政治、经济、文化中心之一。秦灭六国以后,天下设36郡,邯郸作为邯郸郡的首府,繁华仍然不减当年。到了西汉,这里更被誉为"富冠海内,天下名都",与洛阳、临淄、成都、南阳并称为五大都会。东汉末年,北方战乱频仍,邯郸渐渐失去了往昔的繁华。不过,一直到清代,邯郸都是北方的重镇,每逢政权更迭、南北战乱,这里总是必争之地。

邯郸由于历史古老,留下了许多与之相关的历史典故,产生了三千多条成语,比如我们熟悉的完璧归赵、负荆请罪、刎颈之交、围魏救赵、退避三舍、毛遂自荐、纸上谈兵、胡服骑射、黄粱美梦、南辕北辙、下笔成章、窃符救赵、惊弓之鸟、舍本逐末等,都与邯郸有关,被誉为"中国成语典故之都"。

【代表文物】

邯郸在汉代是富甲一方的大都市,所以这里留下的文物也极为精美,尽显富贵气息。

酒樽是汉代流行的酒器,有时用来装酒,有时用来温酒。右侧这只酒樽原为铜铸,由于表面鎏了银,现在银已经氧化,所以显现出灰黑色。酒樽上的纹饰采用了鎏金工艺,所以至今仍然金光闪亮。

细细辨认,我们可以看到绵延蒸腾的云气中夹杂着许多珍禽异兽、奇花异草的形象,其间还有长翅膀的羽人、西王母等,好一个神仙世界。

酒樽的盖子上有三只昂首振翅的朱雀,极具神采。酒樽底部的三足被塑造成三只熊的形象。它们双腿跪

金银涂乘舆大爵酒樽、承盘
东汉
邯郸市博物馆

地而坐,前肢使劲撑着大腿,低头张嘴,仿佛极力承担着酒樽的重量,神情非常活泼传神。熊身上还镶嵌了玛瑙、绿松石等,显得更加华美。

樽的下面还有一个托盘,盘子的三足也被做成了三只熊的样子。

汉代的熨斗在使用时先把点燃的炭放在上方的斗

中，然后用它熨烫衣料。这件青铜熨斗的支架顶部蹲着一只憨态可掬的小兽，是传说中的瑞兽天禄，寓意为天赐的福禄。

刻度天禄架熨斗
东汉
邯郸市博物馆

画蛇添足

【成语释义】

比喻多此一举,弄巧成拙。出自西汉刘向《战国策·齐策二》。

【成语典故】

战国时期,楚国有个主管祭祀的官员,主持过祭祖仪式以后,准备把一壶祭酒赏给帮忙的门客。可是门客人数不少,酒却只有一壶,于是他们商量说:"这壶酒如果大家分着喝,那根本不够,但如果只给一个人喝,他倒是能好好喝一顿。不如咱们来个画蛇比赛,谁先画好,谁就喝这壶酒。"

大家同意了这个提议,于是转身画起蛇来。有一个人很快就把蛇画好了。他端起酒壶正准备喝,一看大家都没画完,便扬扬自得地左手拿着酒壶,右手给蛇添上了脚。可他还没把脚画完,另一个人便把蛇画完了,一把夺过酒壶,对他说:"蛇原本就没有脚,你怎么能给它添上脚呢?"说罢就仰头把壶中的酒喝了个干净。

那个多此一举给蛇画脚的人,白白失去了那壶已经到手的美酒。

【文化内涵】

从远古时期,我们的祖先就对蛇有一种特殊的崇拜,这源自蛇的特性。

由于蛇有蜕皮、冬眠的特性,古人认为这是因为蛇具备"起死回生"的神力。蛇的繁殖能力也很强,所以人们又将它视为生殖与繁衍的象征。加上蛇在陆路和水路都能畅行,对于古人来说,这是极为了不得的生存技能。还有一点,因为蛇毒非常可怕,对古人的生命构成了巨大的威胁,所以人们对它又敬又怕,乃至许多上古大神被想象成人首蛇身的形象。据统计,《山海经》中一共454个人物，与蛇形有关的就多达138个。

另外，中华民族的图腾——龙就是由蛇发展而来的，所以蛇又被视为小龙或者是还没有长成的、无角的龙。春秋战国时期的青铜器上盛行蟠螭纹和蟠虺（huǐ）纹，其实螭就是指没有角的龙，而虺正是蛇。

我国的神话传说中也有很多与蛇有关的著名故事，比如《白蛇传》描写了千年蛇精白素贞与人类之间发生的凄美感人的爱情故事，传说西湖边上的雷峰塔下镇压着白素贞。

蛇与蜘蛛、蝎子等毒虫一起被古人归为"五毒"。在端午节这一天，民间就有除五毒的习俗，人们会喝雄黄酒，并且打扫墙壁门窗，还会挂艾草、佩香囊，用以避邪驱毒。传说中的白素贞就是因为喝了雄黄酒现出了原形，并由此引发了一系列的恶果。

【代表文物】

下面这套尊盘堪称春秋战国时期最复杂、最精美的青铜器，密密麻麻交缠在一起的蟠螭，构成了精致剔透的效果。

曾侯乙青铜尊盘
战国
湖北省博物馆

传说，伏羲和女娲是华夏的始祖，人们把他们塑造成人首蛇身的形象，更增添了他们的神异。从汉代开始，画像石上就经常出现他们成对的形象。图中的两位神都是汉人形象，女娲和伏羲分别代表阴阳，所

伏羲、女娲和四神画像石
东汉
南阳汉画馆

以他们身边常伴着月亮和太阳,有时还会有星辰环绕。作为人类始祖,他们为人类社会订立了规范,画像中女娲手执画圆的"规",伏羲手持画直线的"矩",表达的正是俗语"没有规矩不成方圆"的意思。

你能分清哪个是伏羲,哪个是女娲吗?

伏羲女娲图
唐
新疆维吾尔自治区博物馆

金蝉脱壳

【成语释义】

原指蝉在由幼虫变为成虫时要脱壳而出，后比喻用计脱身留下假象，使对方不能及时发现。出自元代马致远《任风子》。

【成语典故】

我国古人根据历史上的许多战争实例和战略思想总结出"三十六计"，"金蝉脱壳"就是其中著名的一计。

据考证，"三十六计"的提法从南北朝时期就有了，到了明清时期被人归纳总结成书，"金蝉脱壳"就是常用的计谋之一。南宋开禧北伐中发生过一次成功的撤退,就是使用"金蝉脱壳"之计的经典案例。

北宋被金所灭后,偏安江南的南宋朝廷就一直有北伐中原收复失地的想法。到了南宋宁宗时期,当时的宰相韩侂(tuō)胄掌握了大权,力主北伐抗金。于是,开禧二年(1206年),轰轰烈烈的北伐战役就此打响。

可惜的是,南宋对这次北伐的准备并不充分,所以从安徽、湖北、河南、江西等多路出击的宋军都遭遇到金兵的阻截,以失败而告终,只有镇江副都统制毕再遇连连告捷。

不过,这一支小部队的胜利无法全面转变战局,并且毕再遇只有数千人马,也难敌金兵调集来的数万精锐,所以他为了保存实力,需要妥善撤退。

此时金兵已大军压境,如果金兵发现宋军撤退的迹象,肯定会趁势追杀,宋兵便会损失惨重。因此毕再遇便虚晃一枪,到了半夜,他一边下令士兵擂击战鼓以造成趁夜劫营的假象,一边下令士兵连夜赶紧撤退。

一连两天宋兵进击的鼓声都没有停歇,金兵只听见战鼓震天却始终不见宋兵来攻,这才发现中计。等他们集结军队攻入宋营时，才发现早已人去营空。

毕再遇完美地使用"金蝉脱壳"之计保全了兵力，在这次一败涂地的北伐战役中成为难得的亮点。

【文化内涵】

蝉在中国古人眼中是一种极不寻常的生物，它具备很多神奇的特性，所以在传统文化中蝉的形象很好，被看成是一种灵物。

古人发现蝉的幼虫生活在土里，经过数年甚至十数年的生长，它们会在春暖花开的时候破土而出，爬上枝头破壳而出化为飞蝉；到了天气转凉的时候，它们再脱去外壳重新钻入土里休养，如此周而复始、生生不息。因此人们极其希望获得像蝉一样的灵力，于是常常用玉蝉作为陪葬品，希望死者也能像蝉一样复生。

另外，蝉虽然长时间生活在地底下，但当它破壳而出时却居于枝头远离尘埃，并且只以露水为食，有一种出淤泥而不染、不食人间烟火的高洁品质，所以又被看成是洁身自好的象征。

唐代的虞世南便写过一首赞美蝉的名诗："垂緌（ruí）饮清露，流响出疏桐。居高声自远，非是藉秋风。"

【代表文物】

玉蝉一直是中国古代重要的葬玉之一，尤其在汉代，人们盛行将玉蝉放在死者口中陪葬，称为琀（hán）。汉代的玉蝉造型极为洗练，线条简洁，每根线条都平直有力，像用刀切出来似的，被人们称为"汉八刀"。玉蝉恰是"汉八刀"最鲜明最典型的代表。

玉蝉
汉
故宫博物院

金玉其外，败絮其中

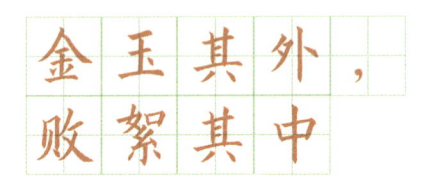

【成语释义】

原指外表像是金玉，内里却尽是破棉絮。比喻外表华美，里面一团糟。出自明代刘基《卖柑者言》。

【成语典故】

杭州城有个卖水果的人，很有办法贮藏柑橘，经他贮藏的柑橘可以放一年都不腐烂。一年过后再把它们拿出来仍然色泽鲜亮，看上去有玉石般的质地，黄金般的色彩。这种柑橘放到市场上可以以十倍的高价出售，但买的人还是非常多。

有一天，明初的开国元勋刘基上街看到这种柑橘，也买了一个。可把它一剖开，柑橘里就像有股烟尘冒出来直扑口鼻，再看它里面的果肉，已经干枯得像破棉絮一样了。刘基非常生气地询问这个卖柑橘的人："你卖给别人的柑橘，是希望人家拿回去摆在供品盒里敬奉神灵、招待宾客的呢，还是想让人们夸耀它的外表来骗傻瓜和瞎子呢？你这种欺骗行为真是太过分了！"

　　卖柑橘的人笑着说："我干这一行已经很多年了，靠它糊口维生。我只管卖，别人也只管买，从来没听说有人不满意的，怎么就唯独没能满足您的需要呢？这世界上欺骗人的人着实不少，岂止我一个人呢？您就从来没有想过这个问题吧！您看如今那些执掌兵符、坐在虎皮垫子上的人威风凛凛、耀武扬威，看起来真像是保家卫国的名将良才，可实际上他们真的通晓兵法、有韬略吗？还有那些戴着高高的官帽，腰里系着长锦带的人，一副神气活现、趾高气扬的样子，看起来像是朝廷重臣，可他们真的能够治国安邦，建立古代贤臣的功业吗？这些人，只知道白白耗费国库里的钱粮，却一点用处都没有，盗贼兴起却不知道如何去阻挡，老百姓陷入贫困却不知道如何解救，官吏狡诈却不知道如何去禁绝，法纪败坏却不知道如何去整顿，丝毫不知羞耻。再看看那些坐在宽敞的厅堂上的人，那些骑着高头大马的人，那些终日沉醉于美酒美食的人，他们又何尝不是冠冕堂皇，摆出一副高高在上让人畏惧的样子？这样的人，走到哪里不都是外表像金玉、内里却像破棉絮的人呢？现在您对这些不去明辨探察，却来追究我的柑橘！"

听到这番话，刘基也无话可说。回来再想想，刘基觉得他和汉代的东方朔一样，是一个擅长用幽默的语言和道理进行讽刺的人，他这正是借柑橘在讽刺时弊啊！

【文化内涵】

刘基，字伯温，是明代的开国元勋，也是当时著名的政治家、文学家。在元末朱元璋起义时，刘基受到朱元璋礼聘，辅佐他打败对手建立基业。朱元璋即位后，对开国元勋非常不信任，生怕他们图谋政权，找出各种理由将他们杀害，刘基为了避祸，主动要求辞官归乡。刘基在乡间行事非常低调，每天喝酒下棋，从来不吹嘘自己的功勋，也从来不谈国事，但仍然受到诬陷而被剥夺了俸禄。刘基为此入京谢罪，不久便逝世了。

刘基精通天文、兵法等，在朱元璋平定天下的时候屡出奇计，深得朱元璋信任，所以民间把他当作智慧的象征。加上他关心民间疾苦，针砭时弊，民间还流传着很多他用计谋帮助老百姓的传奇故事。

刘基的诗文雄健质朴，与宋濂、高启并称为"明初诗文三大家"。

【代表文物】

明太祖朱元璋的画像，一直流传着两个版本，一种是与其他帝王类似的坐像，一种则是相貌非同寻常的异形像。

坐像上，明太祖容貌端正、气宇轩昂，很有开国帝王的威仪，与历史文献的记载比较吻合。但异形像上，明太祖不仅面容怪异丑陋，脸上更是布满斑斑黑点，民间称为"七十二煞"，认为这是人物显贵的吉

《明太祖坐像》《明太祖异形像》
明
台北故宫博物院

兆。据说这种异形像是根据相面书上记录的贵相创制的，目的是将朱元璋神化。

釉里红瓷器利用了釉中的铜元素经高温会变红的特性，这种技术在元代产生，但釉里红对烧制的温度要求非常苛刻，温度低会发黑，温度高则发灰，由于技术不成熟，所以元代釉里红瓷器的数量不多，其中真正达到色泽红艳的更为稀少。到了明初朱元璋在位的洪武年间，釉里红技术成熟，产生了许多色泽完美的器物，也让瓷器的色彩大为丰富起来。

釉里红缠枝牡丹纹大碗

釉里红缠枝菊花纹玉壶春瓶
明
中国国家博物馆

酒囊饭袋

【成语释义】

比喻只会吃喝，不会做事的无用之人。出自东汉王充《论衡·别通》。

【成语典故】

唐玄宗时期，为了保卫国家安全，防止边陲其他民族的进犯，边防军镇的规模不断扩大。这些军镇的地方长官节度使拥有强大的军事、财政等权力。当他们的力量越来越大以后，便不再听命于中央政府，形成了一种各自为政的局面，称为藩镇割据。

为了压制这些藩镇，唐代的中央政府想了很多办法，但这些藩镇的力量太强，足以与中央抗衡。尤其到了唐代末年，社会矛盾激化，农民起义不断爆发，中央政府又只能借用藩镇的力量来镇压起义，于是藩镇重新兴起。经过数年的争斗和兼并，其中力量最大的几支取唐朝而代之，在中原地区形成了前后相继的"五代"，即后梁、后唐、后晋、后汉与后周；在其他地方则形成了并立的"十国"，比较著名的有南唐、北汉等。

不过，这些割据势力的统帅并不都是强悍有能力的人，像接替了前任刘建锋成为统帅的武安节度使马殷就碌碌无为。朱温废掉唐朝的末代皇帝建立后梁以后，封马殷为楚王，让他驻守湖南和广西等地。马殷只知道饮酒作乐，既无能力镇守一方，也无能力为百姓造福，大家都非常瞧不起他，不屑地称他为"酒囊饭袋"。

【 文 化 内 涵 】

酒囊就是装酒的袋子，主要在出行时使用，便于携带，但在日常生活中，酒囊远不如酒壶、酒杯的使用范围大。

酒在我国文化里占据着极为重要的地位，酒器的发展历史也极为悠久。

早在原始社会,人们就用陶土制作酒器,包括红陶、灰陶、白陶、黑陶等制作的罐、壶、碗、杯等。到了夏商周三代,更有"无酒不成礼"的说法,酒器品种繁多,包括爵、角、觚（gū）、觯（zhì）、斝（jiǎ）、尊、壶、卣（yǒu）、罍（léi）等,数量也很丰富。它们不仅用来盛酒,还根据使用者不同的地位、不同的场合区分了等级。

秦汉时期流行陶瓷、漆木制作的酒器,尤其是漆酒器,成为南方最流行的酒器,主要样式有耳杯、樽、卮（zhī）、扁壶等。

到了魏晋南北朝时期,瓷器成熟起来,瓷制的酒器几乎一统江湖。这个时代又是汉族和少数民族文化大融合的时代,许多少数民族的酒器样式也被吸纳,出现了鸡首壶、皮囊壶等,还产生了很多新样式,比如执壶、盏、注子等。

唐代的酒器又得到了进一步发展,金银酒器丰富精美,尤其是著名的玉制夜光杯,因为唐诗"葡萄美酒夜光杯,欲饮琵琶马上催"而闻名于世。

辽、金、元时期，扁壶、四系壶等盛行，因为它们极为适合游牧民族的生活，加上唐宋时代蒸馏酒的技术成熟，酒的浓度变高，酒杯也开始变小了。

到了明清时期，制作酒杯的材料越来越不拘一格，工艺也日益成熟，酒杯的设计常常别具巧思，比如银槎杯，看上去就是一件造型奇巧的工艺品。

【代表文物】

这种黑陶杯杯体最薄的地方只有0.2毫米，最厚的地方也不过1～2毫米，所以被称为"蛋壳陶"。由于薄，它们的重量也极轻，一个20厘米高的杯子常常只有50克重，比现在的高足杯轻得多。

黑陶杯上镂雕出方格、菱形、三角等几何纹样，繁复精美，实在是原始先民的奢侈品！

下面这个银壶的造型模仿了游牧民族装水用的皮囊，壶腹鼓起，看

黑陶杯
新石器时代
山东博物馆

鎏金舞马衔杯银壶
唐
陕西历史博物馆

黄釉乐舞图瓷扁壶
北齐
中国国家博物馆

上去似乎已经装满了酒。壶上的舞马是唐代宫廷里经过特殊挑选和严格训练后专门用来表演的马，可以根据音乐和指令做出相应的舞步和动作。

在宫廷盛大的庆典上，舞马会列队旋转，跳起特殊的舞步，最后的高潮是舞马衔起酒杯向皇帝敬酒，这是难度极高的表演，需要马儿具备极为精湛的技艺。据记载，唐玄宗过生日时，宫里便会有这样的盛大表演，舞马矫健的身姿和灵巧的技艺因此被定格在了酒壶上。

扁壶的两面都有胡人表演胡腾舞的场景，极具少数民族特色。

刻舟求剑

【成语释义】

剑落水时在船舷上刻上记号,等船停后再从刻记号的地方下水去寻找剑。比喻办事刻板、死守教条拘泥成法而不知变通。出自战国吕不韦《吕氏春秋·察今》。

【成语典故】

战国时期,有一个楚国人坐船渡江。船行到江中的时候,他一不小心把随身携带的剑落到江里了。船上的人都觉得很可惜,楚国人却不紧不慢地掏出一把小刀,在船舷上刻了一个记号,说宝剑就是从这里掉到水里的。大家都不理解他这么做是什么意思。

等船靠了岸，这个楚国人在船舷上刻有记号的地方跳到水里去捞剑，捞了半天，剑的影子都没有。大家于是大笑起来，告诉他说："船一直在往前走，你的剑却没有随着船走，船已经距离你掉剑的地方这么远了，现在怎么能找到你的剑呢？像你这样找宝剑，实在是太愚蠢了。"

【文化内涵】

在我国古代，剑并不是作战的兵器，只用来防身，更多的时候是一种身份的象征，因此有"君子佩剑"的传统。文人的书房也常常会挂上宝剑，以展示读书济世的侠义情怀和尚武精神，所以人们还会用"剑胆琴心""琴剑飘零"来形容古代读书人的品格和生活状态。

由于剑是君子的随身携带之物，所以古人在与好友离别的时候，会以剑相赠，表示情深意重，同时也有"宝剑赠英雄"的寓意。孟浩然《送朱大入秦》一诗："游人五陵去，宝剑值千金。分手脱相赠，平生一片心。"最能体现这一传统。

从春秋战国时期开始，贵族中流行一种用玉装饰的剑，被称为玉具剑。汉代玉具剑达到极盛，常常被作为贵重的礼物，在《汉书》中就有皇帝赐予匈奴首领单于玉具剑的记载。到了魏晋南北朝，工具剑才逐渐衰落。

一柄完整的玉具剑由四个玉饰物组成，它们分别是玉剑首、玉剑格、玉剑璏（zhì）、玉剑珌（bì）。

剑首就是剑柄顶端扁圆形的部位；剑格是剑身与剑柄之间的部分，用来护手；剑璏被固定在剑鞘外用来穿带子，便于把剑挂在腰间；剑珌是安在剑鞘尾端的装饰物。

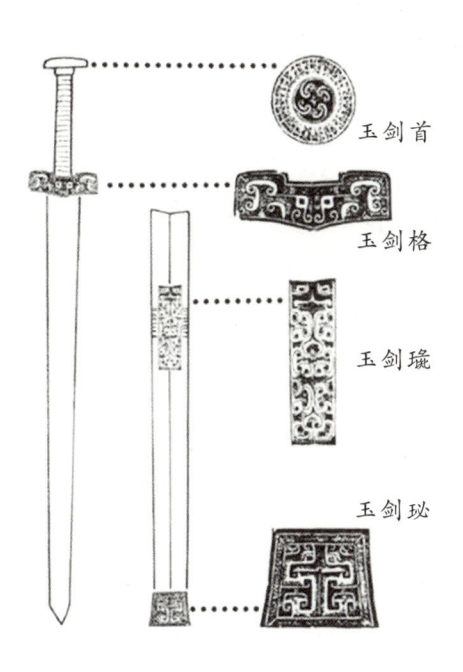

玉具剑示意图

【代表文物】

铜铸的剑身和皮革剑鞘都已经不在了,只留下这些玉制的装饰物,让人依稀还能想象出当年玉具剑的华美。

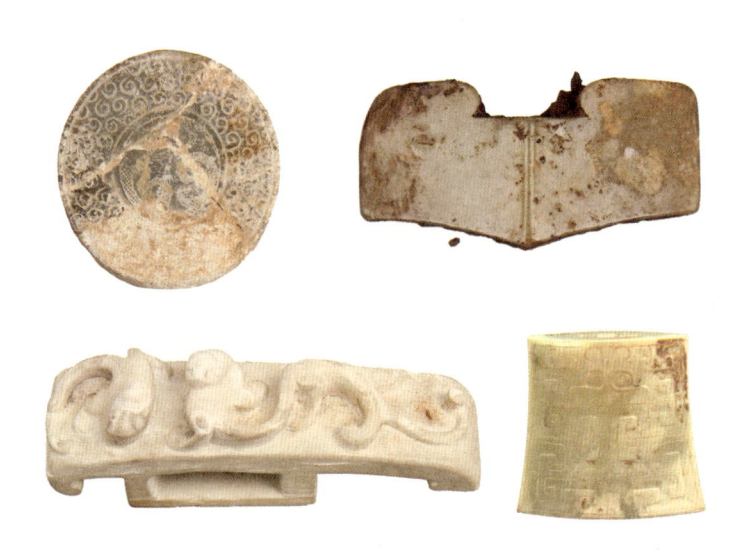

玉剑首、玉剑格、玉剑璏、玉剑珌
西汉
徐州博物馆

空中楼阁

【成语释义】

原指悬在半空中的阁楼，比喻脱离实际的空想或虚构的事物。出自唐代宋之问《游法华寺》诗："空中结楼殿，意表出云霞。"

【成语典故】

从前山村里有个傻财主，家里非常富有，他却总是做傻事，常常惹得村民笑话他。

有一天，这个傻财主到邻村的一个财主家做客。他看到这个财主家有一幢三层楼高的新屋，宽敞明亮、高大华美，心里极其羡慕。他想：我家的钱可不比他少，他都能有这样一幢漂亮的大楼，我家怎么能没有呢?

　　回到家,傻财主立刻找来工匠们,问他们能不能给自己也造一幢邻村财主家那样的楼。工匠们说那幢楼就是他们造的。傻财主非常高兴,于是让工匠们也为他造一幢一样漂亮、一样高的楼。

　　工匠们于是忙开了。他们开始打地基、搭架子、叠砖造楼。有一天,傻财主来到工地,看到工匠们正在叠砖,心里非常疑惑,于是问工匠们在干什么,工匠们告诉他正在为他造楼。可这个傻财主却说:"我要的只是最上面的那一层,你们为什么要造下面的这两层呢?你们赶快把下面两层拆掉,只用给我造第三层就可以了。"

　　工匠们听了他的傻话哈哈大笑,他们说:"架在空中的房子我们谁也不会造,还是你自己造吧!"

【文化内涵】

　　我国古代的房屋主要是土木结构,所以早期建筑能留存到现在的非常罕见,尤其是普通民居,明清以前的建筑几乎完全消失在历史中。我们想要看到古人住的"高楼大厦",就只能在绘画和陪葬品中寻找线索了。

两汉时期,随着生产力水平的提高,富豪们为了彰显实力,居住的庄园越来越大,楼阁建得也越来越高、越来越壮美。另外,古人常常是一个大家族生活在一起,为了保卫家族的生命、财产安全,豪门大族也会修建大型塔楼作为"瞭望台",便于观察敌情。

汉代厚葬之风盛行,高达数层的陶楼就是一种常见的陪葬品,它们既反映了汉代的社会状况,也反映了汉代人的信仰和生死观。

陪葬时候的陶楼,就是模仿现实中的楼阁制作的。

东汉时期留下的陶楼数量很多,除了楼阁,还有仓库、灶台、猪圈、井台等,甚至连楼前的车马、看门的小狗都设置齐全,人们希望到了另一个世界还能过上富足的生活。

另外,汉代人还相信,住的楼越高就越容易接近天上的神仙,所以便努力把楼修得更高。李白就在《夜宿山寺》里写过:"危楼高百尺,手可摘星辰。不敢高声语,恐惊天上人。"

为了表现这一观念,人们还会在陶楼上塑造龙凤等祥瑞形象,以表现高楼已达云端,接近神仙世界。

【代表文物】

这座彩绘陶楼高达五层,楼前还有高门大阙,形成了一个宽敞的院落。陶楼上用彩绘模仿了现实中的木制斗拱和栏杆,楼层墙面上还布满彩绘,显得精细华美。

陶楼大门开了一半,大门右侧几个仆役正在劳动,其中一个扛着重物进门,大门左侧一只陶狗懒懒地趴在地上,极具生活气息。

仔细看,四楼上站着一个人,或许正是墓主人在凭窗远眺吧。

五层彩绘陶楼
东汉
焦作市博物馆

滥竽充数

【成语释义】

比喻没有真才实学的人混在行家队伍里充数,也比喻以假的冒充真的,以次的冒充好的。有时也表示自谦,说自己水平不够,只是凑数而已。出自战国韩非《韩非子·内储说上》。

【成语典故】

战国时期,齐国的国君齐宣王非常喜欢听人吹奏竽,并且一定要许多人一起合奏。于是齐国组织了一个吹竽的演奏乐队,乐手多达三百人,都得到了齐宣王十分优厚的待遇。

一个姓南郭的人听说齐宣王的嗜好后,就求见齐宣王,假装自己很擅长吹竽,混进了乐队里。其实他根本不会吹竽,但每次演奏的时候,他都摇头晃脑、装模作样地吹得很起劲。由于表演的人数众多,齐宣王也听不出来谁会吹、谁不会吹,所以南郭先生在乐队里混了很多年,一直没有被识破,日子过得很舒适。

齐宣王死后,他的儿子齐湣王继位了。这位齐湣王同样爱听人吹竽,但他却和父亲不同,只喜欢听独奏,所以每次都让乐师们一个个单独地吹给他听。

南郭先生得到这个消息后,知道自己再也混不下去了,趁着还没被发现,连忙逃走了。

【 文化内涵 】

竽是我国古代的一种吹奏乐器,由一束簧管组成,原先有36根,后来减至23根。春秋战国时期,竽被尊为五音之长,一直到汉代都广受欢迎,常常作为百戏乐队中的主要乐器。到了隋唐时期,竽渐渐被笙取代。

《周礼》中根据乐器的制作材料将其分为八大类,

分别是金、石、土、革、丝、竹、匏、木，统称为八音。

金即金属制作的乐器，如编钟、铙（náo）；石指石头，如编磬；土指陶土制成的，如埙（xūn）；革指皮革制成的，如鼓；丝指有弦的乐器，如琴、瑟；竹

石编磬
战国
中国国家博物馆

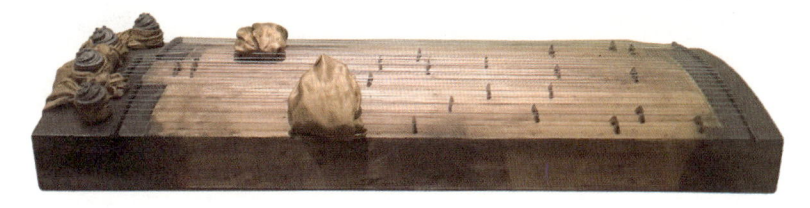

陶埙
商
中国国家博物馆

瑟
战国
湖南省博物馆

指竹制乐器，如笛子、箫；匏（páo）指用葫芦制成的乐器，如笙、竽；木指木制乐器，如柷（zhù）（一种方形的木制乐器，用木棒敲击演奏）。

【代表文物】

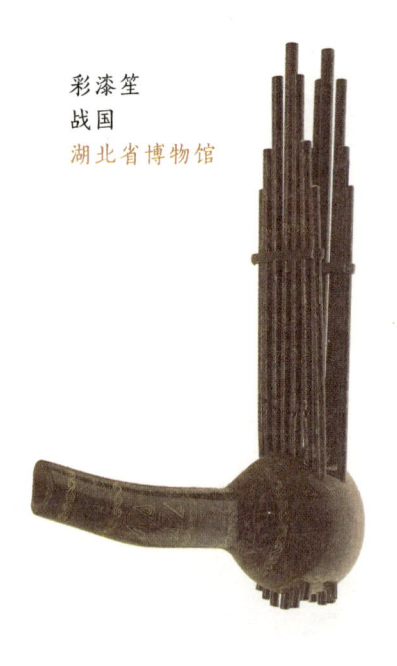

竽
战国
湖南省博物馆

彩漆笙
战国
湖北省博物馆

竽和笙的外观极为接近，它们最大的区别在于竽的体积更大，管数也更多。

滥竽充数 | 089

演奏陶俑
唐
中国国家博物馆

从左到右,他们演奏的分别是排箫、拍板、琵琶、横笛、竖箜篌和笙。

老马识途

【成语释义】

原指老马认得曾经走过的路，比喻阅历多、经验丰富的人能看清方向，熟悉情况。出自战国韩非《韩非子·说林上》。

【成语典故】

春秋时期，管仲和隰（xí）朋跟随齐桓公征战孤竹国。他们春天出征，直到冬天才回国。在返回的途中，一行人走着走着迷了路。这时候，大家都很忙乱，管仲却不慌不忙地说："我们可以让老马发挥作用了。"于是他在队伍里找出几匹老马，让它们在前面走，大部队跟在它们后面，终于找到了回去的路。

他们继续在山里行进，走得又累又渴，却找不到水源。大家又是一阵着急。这时候，隰朋说："不用慌，我们可以找蚂蚁，蚂蚁冬天住在山南，夏天住在山北。我们只要找到蚂蚁窝，顺着它们的窝向下挖，就可以找到水源。"大家分头寻找，果然很快就挖到了水。

韩非子认为，像管仲、隰朋这样有头脑有才干的人都知道向老马和蚂蚁学习，而那些远不如他们的人，根本不知道自己知识浅薄，还不愿意向有经验的人学习，那真是够愚蠢的。

【文化内涵】

马与人类的关系极为密切，在人类历史上发挥过不可替代的重要作用，所以古今中外的人一直对马抱有极大的好感。关于马的故事、成语、诗句不仅数量多，而且把马的外貌、姿态表现得神采飞扬，淋漓尽致。

古人还给不同毛色的马起了不同的名字，比如深黑色的马叫骊，青白杂色的马叫骢（cōng），黑白相杂的马叫骓（zhuī），赤色的马叫骍，黑鬃黑尾的赤马叫骝（liú），黄毛夹白点子的马叫骠（biāo）等，甚至不同年龄、不同高度的马也有不同的名字。

很多历史故事中都出现过名马，它们不仅具有日行千里的本事，还深通人性。

传说西楚霸王项羽最后被汉军围困在乌江边，他自己不肯过江，却命令手下的小卒牵着马渡江。结果乌骓马看着霸王自刎，久久不肯离开。后来军士强拉着马儿上船，行到江心，马儿长嘶数声跳入江心，而马鞍翻滚落地化成一座山，这就是被誉为"江东第一山"马鞍山的来历。

三国时期的赤兔马也是天下闻名的宝马。一开始它的主人是当时的第一猛将吕布，于是便有了"马中赤兔，人中吕布"的俗语。吕布死后，赤兔马成了关羽的坐骑，在关羽兵败身亡后，传说赤兔马也绝食而死。

唐代还有一种著名的"三花马"，即把边地良马的马鬃剪成三丛。我们在唐代的许多绘画和雕塑中都可以看到它们的身影。

【代表文物】

在古代的艺术作品中，马的形象不仅多，而且特别神俊，尤其在武力强悍的朝代，以马为题材的艺术作品更多。比如我们熟悉的秦始皇兵马俑、西汉霍去病墓的《马踏匈奴》雕塑、东汉的铜奔马、唐代的昭陵六骏等，都是古代艺术品中的杰作。

霍去病墓雕塑《马踏匈奴》
西汉
茂陵博物馆

玉羽人骑翼马
西汉
咸阳博物院

昭陵六骏之一的飒露紫
唐
美国宾夕法尼亚大学考古与人类学博物馆

马的鬃毛被剪成三丛,这就是典型的"三花马"。

历史上也有许多画马的名家,唐代的曹霸、韩干、韦偃等就是有名的高手,诗人杜甫专门写诗赞美过曹霸的马:"斯须九重真龙出,一洗万古凡马空。"

唐代李贺也写过一首脍炙人口的《马诗》:"大漠沙如雪,燕山月似钩。何当金络脑,快走踏清秋。"

买椟还珠

【成语释义】

椟指木匣子,还指退回,买椟还珠指买下匣子而把匣子里的珍珠归还给卖主。比喻没有眼光,不识货,取舍不当。出自战国韩非《韩非子·外储说左上》。

【成语典故】

战国时期,有一个楚国人拥有一颗完美的珍珠。有一天,他把珍珠高价卖出去,于是动脑筋要把珍珠好好包装一下,以便让珍珠显得更加华贵。这个楚国人用名贵的木兰当原料,又找来能工巧匠打造装珍珠的盒子,用桂皮、山椒等名贵的香料把盒子熏得香气扑鼻,然后在盒子上镶嵌了珠宝玉石,雕刻了各种美丽的花纹,还用翠鸟的羽毛装饰,让它看上去辉煌绚丽、奢侈无比。

盒子完工后,楚国人便把珍珠装进去,拿到市场上售卖。

到了市场上,人们很快就被这个华丽的盒子吸引了,纷纷围观。这时来了一个郑国人,他一眼就看中了盒子,拿在手上翻来覆去地看,爱不释手,于是出高价将它买走了。走了没几步,郑国人又返回来,取出里面的珍珠还给了卖盒子的楚国人,他说:"我是看中了这个盒子才买的,并不想要这颗珍珠。"他哪里知道,盒子虽然看起来华丽,但里面装的珍珠要昂贵得多啊!

楚国人接过被退还的珍珠哭笑不得,他原本是打算卖珍珠的,哪知道只卖出了盒子。他大概可以算得上是一个优秀的"盒子销售员",却肯定算不上一个优秀的"珍珠销售员"啊。

【 文化内涵 】

在博物馆里,我们可以看到历代留下来的精美盒子。古人会根据不同的用途选用青铜、漆木、玉石、陶瓷、铜胎珐琅等不同的材质，并独具匠心地设计成不同的形状，常见的有食盒、化妆盒、文具盒等。许多盒子还被设计成套盒的样式，这样更方便使用和收纳。

乾隆皇帝还专门让匠人制造了很多宝物盒，用来收藏诸如玉石之类的小型艺术品。这些盒子用料讲究、样式奇巧，十分精美有趣。不过，要是谁只看中了这些盒子而不要里面装的宝物，那真是亏大了。

【代表文物】

据专家考证，这样的青铜盒子有可能是用来装玉器的，也有用来装化妆品的。还有人认为是缩小版的灵车，用来陪葬。

人足双盖方鼎
春秋
山西博物院

乾隆紫檀多宝格方匣
清
台北故宫博物院

上面是它打开展示的样子,把四个角关起来,它就成了一个四四方方的盒子,大家就看不到里面藏着什么宝贝了。

名落孙山

【成语释义】

比喻考试未能考中或者选拔的时候未被录取。出自宋代范公偁（chēng）《过庭录》。

【成语典故】

宋朝的时候，苏州一带有一个名叫孙山的才子，他为人幽默、能说善辩，远近的人都称他为"滑稽才子"。

有一次，孙山要到其他地方参加举人考试，同乡的一个人就把自己的儿子托付给孙山，让他带着一起去赶考。

考完放榜以后，孙山看到自己考中了，名字排在榜上的最后一名，同乡人的儿子却没有考上，榜上无名。

不久，孙山自己先回到家乡。同乡遇到他，就迫不及待地问他儿子有没有考上。孙山不能隐瞒实情，又不好意思直说，于是随口说了两句："解元尽处是孙山，贤郎更在孙山外。"意思就是考中举人的榜上最后一名是我孙山，您家公子的排名还在孙山的后面啊。

【文化内涵】

自从隋代创立了科举制度以后，读书人想要做官，最主要的途径就是通过科举考试。

古代的读书人和我们现在上学一样，要一步一步地学习、考试。

在和我们上小学差不多的年纪，古人就要进学堂发蒙（méng）。读几年以后，他们就要参加县府的考试，考及格的就是俗称的"秀才"了。

秀才继续读书进阶，就要参加三年一次的乡试，这属于省一级的考试，乡试考中就可以称为"举人"。举人非常难考中，在清代小说《儒林外史》中有一个老秀才范进，考了几十年举人，最后中举的时候胡子都白了，他还乐得发了疯，可见举人有多难考。

乡试的第一名称为"解元",历史上著名的风流才子唐伯虎当年就考中了解元,这可是一件极为荣耀的事。

中了举,第二年再继续参加中央组织的高级选拔考试,如果再次考中,就可以稳稳地做官了。

最后,考中的这些人还要参加一场终极考试,那就是由皇帝亲自阅卷的殿试,考试地点就在皇宫里,能参加殿试的已经人数寥寥了。

我们民间津津乐道的状元,就是殿试的第一名。他和第二名榜眼、第三名探花,统称为进士及第。由于殿试三年才举行一次,所以这三人能获得特殊的荣誉,那就是被特批可以由皇宫大门正中间的那个门出宫,要知道这可是只有皇帝才能走的门!

进士及第的三位新贵还要骑马游街,全城百姓也会纷纷围观庆贺。

当然,古代的考试并不像我们现在这么多科目,还有文理科之分,古代科举主要考明经和策论,考查的是读书人有没有安邦的雄才大略。

【代表文物】

古代科举考试主要在《四书五经》里挑出句子出题,所以有些考生就用很小很小的字把相关内容抄在绢帛上,然后缝在衣服、鞋底等隐蔽地方带进考场作弊,被称为夹带。据说制作夹带的文具必须是特制的笔和墨,才能使得这些字写得又小又清晰。考试作弊

夹带
清
首都博物馆

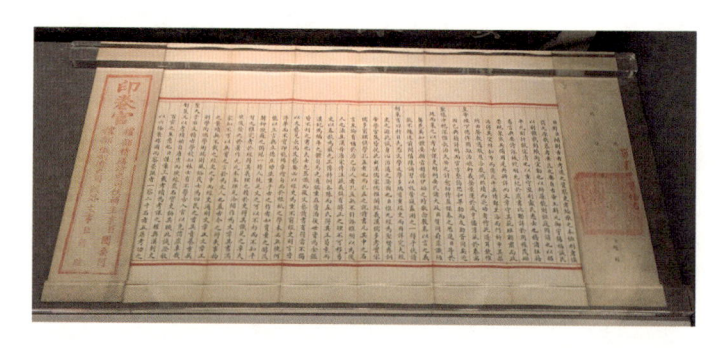

赵楫殿试卷
清
首都博物馆

是非常恶劣的行为,所以从古至今都受到严厉打击。

左侧最下面是清代殿试的试卷,这位考生叫赵楫,他的考试成绩相当不错,考中了二甲第十名,进入了翰林院。你看他的试卷,书写得多么工整清爽啊!

下面这份试卷就厉害了,是现在我国留下的唯一一份状元卷真迹,卷首六个大红的字赫然写着"第

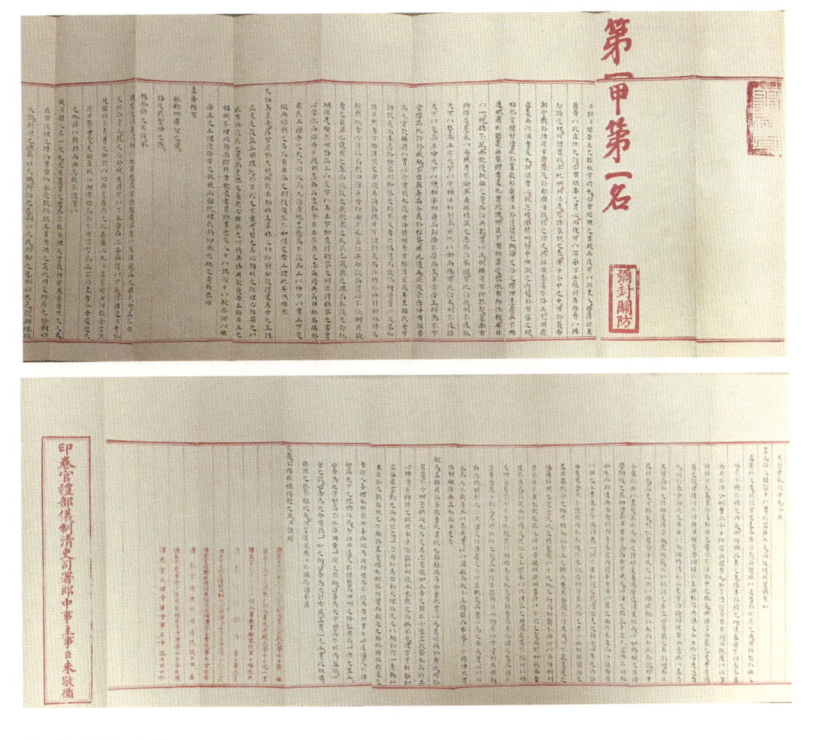

赵秉忠状元卷
明
青州博物馆

一甲第一名",历史上能领受这六个大字的一共也没多少人!

这份状元卷一共2400多字,比高考要求的800字的议论文要长得多。卷末还附着考生上三代的简历,要求他家世清白,不能有犯罪记录。

试卷最后还列有读卷官和印卷官的职衔与姓名,意味着这些人都要为这场考试的公平公正负责。

这位状元赵秉忠一生的仕途很顺利,先是进了翰林院,最后一直做到了礼部尚书。

南辕北辙

【成语释义】

辕是车前驾牲畜用的两根横木,引申指车;辙是车轮滚过的痕迹,引申指道路。南辕北辙指本想往南走,而车却向北行,比喻行动和目的相反。出自西汉刘向《战国策·魏策四》。

【成语典故】

战国时期,有一次魏王想要对赵国用兵。魏国大臣季梁此时正在外面游历,他在半路上得到这个消息后,便立刻赶回来进宫去见魏王。由于走得太急,他连衣服都来不及整理好,脸也来不及洗。

魏王看到他这么一副急匆匆的样子,觉得非常奇怪，于是问他："你不是在外面游历吗？怎么这么快就回来了？你有什么要紧事要和我说吗？"季梁说："是啊大王，我在半路上碰见一个人，他坐着马车一直往北方走。我问他要到哪里去，他说要去楚国。"

魏王听到这儿，笑了出来，说："楚国在南边啊，这个人怎么能往北走呢？"季梁说："是啊，我也这样问他。那人说：'没关系，我的马跑得快！'我说：'马虽然跑得快，可这不是去楚国的路啊！'那人说：'没关系，我带的盘缠不少。'我说：'你带的盘缠虽然多，可这不是去楚国的路啊！'那人又说：'没关系，我这个驾车的人技术挺好。'"魏王忍不住哈哈大笑起来，他说："天底下竟然有这样糊涂的人啊！"

季梁说："就是啊，马跑得越快，盘缠带得越多，驾车的人技术越好，他离楚国就会越远啊！大王，您老是想号令天下，当各国的盟主，那就应该让各国的君主都信任您啊！可是您总依仗自己兵精粮足，想靠攻打赵国来提高自己的声望。您攻打别国的次数越多，离您当盟主的愿望就越来越远了。您这样做，和那个想去楚国却一直驾车往北走的人有什么区别啊！"

【文化内涵】

马车是古代最重要的交通工具，三千多年前的甲骨文里就出现了"车"字。周代最豪华的车是天子坐的，由六匹纯色的马来拉，称为"天子驾六"。春秋战国时期，人们把四匹马拉一辆车叫作"一乘（shèng）"，它成为一个国家强大与否的标志之一，当时就用"千乘之国"来形容一个比较强大的国家。

从东汉开始，除马车以外，又出现了牛车。牛车虽然没有马车拉风，但它走得更稳当，很快就受到了欢迎。

古代车马上的部件（引自山西青铜器博物馆说明牌）

一直到清末汽车传到我国，我们的车始终都是两轮车，而西亚和欧洲在三四千年前就有了四轮车。

由于车在我们的生活中极为重要，所以很多字都是"车"字旁，比如这个成语里的辕、辙，还有轮、轴、辐、辏、轭、轼、辘等。它们都是车上不同部位的名称，或者与车有关的事物。

历史上还有著名的两兄弟，名字里都带有"车"字旁，你想到了吗？

对了，就是北宋的大文学家苏轼和苏辙。

他们的父亲，同样是大文学家的苏洵还专门写过一篇《名二子说》的文章，解释为什么要为自己的两个儿子起这样的名字。他说像车轮、车的辐条、车盖、车厢底部的横木，这些都在车上有很重要的作用，但车轼，也就是车厢前用作扶手的横木看起来却没什么用，但去掉它，车就不完整了。他担心的是苏轼不会隐藏自己的锋芒。而天下的车没有不沿着车辙（也就是车轮印）走的，但人们却从不会谈到车轮印的功劳，当然车毁马亡，人们也不会责怪到车轮印上。所以他希望苏辙可以避免灾祸。

果然像父亲说的，苏轼才华卓绝，但他锋芒太露，一生为官极为不顺，生活流离坎坷；苏辙则老成持重，为官平顺，他一生都默默守护着哥哥。

【代表文物】

秦始皇陵出土过两乘四马拉的铜车马，功能各有不同。一辆车为战车，只能供人站立，车上有圆形的巨大铜伞，烘托了统帅的威严；一辆车是安车，也就是供人乘坐的车，所以有封闭式的车厢。安车上有椭圆形的车盖，车身布满彩绘，足以表现主人的显赫。两车由黄金、白银和青铜所造，体量之大也创下了古代铜车马之最。

后面的铜骑士和著名的铜奔马一样，都出土于甘肃的雷台汉墓，所以这些马儿的身姿和神情都与铜奔马极为

铜车马（安车）
秦
秦始皇帝陵博物院

相似。雷台汉墓共出土了99件铜车马仪仗，无论是骑兵还是骏马，无不神采飞动。

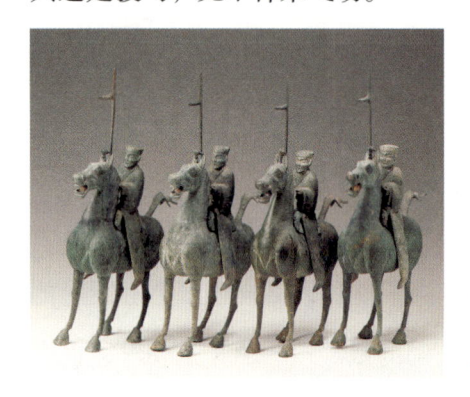

执戟铜骑士
东汉
甘肃省博物馆

仪仗队伍以铜奔马打头，后面跟着护卫的骑士、随行的官员，还有大大小小功能各异的铜车，最后则是运输物资的牛车，队伍功能齐全，声势浩大，展现出汉代高官出行威震四方的气势。当年，这一带地属凉州，凉州的骑兵战斗力极强，因此赢得了"凉州大马，横行天下"的声誉。

铜轺（yáo）车
东汉
甘肃省博物馆

庖丁解牛

【成语释义】

比喻技艺熟练高超,做事得心应手,轻而易举。出自战国庄周《庄子·养生主》。

【成语典故】

战国时期,魏国的梁惠王有一个技术很高明的厨师。有一回他替梁惠王宰牛,根本不费什么力就把牛的骨头和肉分得清清楚楚、利利索索。不仅如此,在他宰牛时,只要他手起刀落的地方,都会出现皮肉相离的声音,刀刺进去的时候声音更大,这些声音甚至与乐曲伴奏的舞蹈节奏合拍。

梁惠王感到十分惊讶,因为把这么大的一头牛分解成这样，一般人需要花费很多工夫，但这个厨师做起来却如此轻松，甚至还富有美感，于是梁惠王不无佩服地对他说："啊，真不错啊！你的手艺怎么会如此出神入化？"

厨师放下刀子，笑着说："这一点也不值得大惊小怪啊。我探究的远远不限于宰牛的技术，而是事物的普遍规律。我刚开始宰牛的时候，对牛的身体结构和骨肉位置还不是十分了解，所以眼里看到的是整头牛；三年之后，我早已经对牛的结构了然于心，所以再宰牛的时候，眼里看到的只是它内部的骨肉结构，再不是一整头牛了，我只需要在心里想着牛的身体，用精神操控我的行为，根本用不着用眼睛去看。我顺着牛的骨肉肌理结构，劈开筋骨之间的大空隙，再用刀刃沿着骨节之间的空隙轻轻活动，都是顺着牛的身体结构来，所以刀根本就没有碰过血管、经脉纠缠在一起的地方，也没有挨着骨头上肌肉和肌肉交结的地方，更不可能碰到大腿上那些粗大的骨头了。技术还不错的宰牛人用的刀一年就要换一把，因为他们用刀子割肉，一年过后刀就钝了；技术一般的人一个月就要换一把，因为他们的刀刃经常会砍到骨头上，所以很容易就砍坏了。我这把刀已经用了十九年，宰杀了几千头牛，但它现在还像新磨过的一样锋利。其实，宰牛的刀刃非常薄，牛的骨头和肉之间的缝隙比刀刃要宽得多，所以用这薄薄的刀刃插到缝隙里把骨肉分割开来，根本就是绰绰有余啊！当然，我也会碰到骨肉聚结在一起不好下刀的地方，这时我就会小心谨慎，集中精神，放慢动作，刀子轻轻地动一动，骨肉就会哗啦一下分开，就像是一堆土落地一样。直到这一刻，我才会心满意足，等一切完毕，再把刀擦干净收好。"

梁惠王听了，恍然大悟地说："好啊！我听了你这一席话，算是学到了养生之道啊。"

【文化内涵】

这个故事还衍生出一个成语——"游刃有余"，指的就是这个厨师拿着刀在牛的骨头缝里自由移动，没有阻碍。后来人们就用它来比喻做事熟练，解决困难或问题轻松利索。

我国古代类似的例子不少，比如匠石、卖油翁等故事。它们除了说明熟能生巧的道理以外，还表达了古人一种"技进乎道"的思想，古人认为当人们在某项技艺上登峰造极之后，再向前进便接触到了天地万物的规律——道。

所以，梁惠王听了庖丁的讲解，领悟的是养生之道，而不是宰牛之道，这也说明庖丁展现的是一种普遍规律，而不仅仅是某一种技术的总结。

【代表文物】

锅里煮的肉冒着热气，烤的肉滋滋作响，虽然这已经是一千多年前的壁画了，但现在我们面对它们，似乎还可以感受到厨房里散发出的香味呢！

庖厨画像砖
东汉
中国国家博物馆

从庖厨图不难看出,汉代对肉食的加工方法主要是烤和蒸煮。

"宴居图"壁画砖
魏晋
甘肃省博物馆

"烤肉煮肉图"壁画砖
魏晋
甘肃省博物馆

破镜重圆

【成语释义】

比喻夫妻失散后重新团聚或决裂后重新和好。出自唐代孟棨（qǐ）《本事诗·情感》。

【成语典故】

南北朝末期，南朝陈后主陈叔宝妹妹乐昌公主喜欢当时江南著名的才子徐德言，于是把他招为驸马，夫妻二人非常恩爱。

但这个时候，北方的隋势力已经十分强大，几乎要统一天下，南方的陈早已衰落不堪，政权岌岌可危，灭亡就在眼前。徐德言早有预感，因此非常担心战争一旦打起来，夫妻遭遇离乱必然被迫分离。由于妻子的身份地位特殊，容貌和才华又极其出众，徐德言猜想在亡国之后，妻子很可能会被掳掠到豪门大家里，再也不可能自由行动，于是对妻子说："夫人啊，如果我在战乱中死了，但愿你还能记住我；如果我还能活着，我们也不可能相见了。虽然如此，我还是希望我们各拿一个信物，或许哪天能通过它，得知对方的死活。"于是，他取出一面镜子劈为两半，他和公主各拿一半。徐德言又和公主约定说："如果你落入了豪门富家，请你记得在明年正月十五那天的集市上把它拿出来卖。如果我还活着，那一天我一定会到集市上寻找那半片铜镜，以此打听你的消息。"

不出徐德言所料，陈很快被灭，徐德言逃亡，公主成为隋军俘虏。隋文帝把她赐给了自己宠信的重臣杨素。杨素果然被公主的容貌和才华深深打动，对她十分欣赏和优待，还专门为她安排了一处住所，让她自在地生活。

曾经的恩爱夫妻就这样天各一方，互相不知道对方的消息。好不容易等到第二年的正月十五，公主取出自己那半片镜子，叫一个老奴拿到集市上去出售，并让他务必标出非常高的价格。徐德言历经千辛万苦，也在正月十五那天赶到了集市上。

果然如他所料的那样，他看到集市上有一个老奴在叫卖半片铜镜，要价奇高，根本没有人理会。徐德言走近一看，正是妻子的那半片镜子，于是知道妻子还活在世上，不禁百感交集。

他连忙按老奴出的价买下了那半片镜子，又把老奴引到自己的住处招待，然后向老奴讲述了事情的前因后果，并拿出自己珍藏的那半片镜子和公主的这半片对在一起。两半铜镜对得严丝合缝，徐德言此刻已是泣不成声。

他知道妻子此时深居侯门，此生无望再见妻子一面，便无限感伤地题了一首诗："镜与人俱去，镜归人不归。无复嫦娥影，空留明月辉。"意思是当初你和镜子一起离开，现在我看到了你的那半片镜子，却再也看不到你了。随后，徐德言让老奴把两半合在一起的镜子和诗都带回去交给公主。

公主看到老奴拿回来的镜子和诗，伤心欲绝，一连许多天茶饭不思，身体极为虚弱。这时，杨素看到她憔悴不堪的样子,便问她到底出了什么事。公主把事情从头到尾告诉了杨素,杨素听了无限同情,被他们夫妻二人的爱情深深打动,于是让徐德言来到家里,把公主归还给他,还把公主在杨府使用的物品一并送给了她。

公主临行前,杨素请她作诗以作为离别的留念,公主一再推辞,但杨素还是坚持让她写一首,于是公主写下四句:"今日何迁次,新官对旧官。笑啼俱不敢,方验作人难。"意思是今天这个场景实在是太窘迫难堪,我面对的一个是我旧时的丈夫,一个是现在的丈夫,这叫我哭也不是、笑也不是,我实在不知作何表情、是何心情。我现在才知道做人真是难啊!

事情传出以后,人们都感怀公主的流落和窘迫,也都赞美杨素的宽厚慈惠与成人之美。

【文化内涵】

我国使用镜子的历史很久远,现在发现的最早的铜镜已有四千多年的历史,商代的墓葬中便有出土。春秋战国时期,铜镜迎来了一次发展高潮,主要体现在铜镜背面的装饰图案越来越丰富精细,还使用了错金银和鎏金工艺。

到了汉代,人们常常在铜镜背面铸造上美好的愿望,因此形成了别具一格的铭文镜,像"长宜子孙""大乐富贵,千秋万岁,宜酒食""长相思,毋相忘,常富贵,乐未央""见日之光,长毋相忘"等,都是人们十分喜爱的词句。

唐代的制镜达到巅峰,镜背上采用了金银平脱、螺钿镶嵌等工艺,华光璀璨、绚烂无比;在图案上也吸纳了外来样式,比如龙首鱼身的摩羯纹、海兽葡萄纹、狮子和胡人纹,极具异域风情。

由于铜镜表面很容易氧化,变得模糊不清,因此镜子隔一段时间就需要磨一磨,所以古代还有专门的磨镜人。

一直等到清末,玻璃镜才最终替代铜镜。

【代表文物】

唐代人富贵且喜好奢侈,所以他们创造性地使用了金银平脱技术,也就是把金银薄片裁成各种图案,用胶漆粘贴好,然后在上面覆盖几层漆,等漆干之后加以研磨,漆被磨去后,原先的金银花纹图案便显露出来。

四鸾衔绶纹金银平脱镜
唐
陕西历史博物馆

此外,唐代人把螺钿镶嵌工艺在铜镜上做到了极致。螺钿取自海贝的珍珠层,具有特别的彩色炫光。工匠把它们磨成各种形状后,再拼成花鸟图案,螺片上还细细地刻出了叶脉、鸟羽等细节;那些红色的圈片则是玛瑙片,整面铜镜宝光四溢、绚烂无比,足见唐代人制镜何等不惜工本。

这面螺钿铜镜保存完好，是唐代制镜最高水准的实物证明。

平螺钿背八角铜镜
唐
日本正仓院

千里送鹅毛

【成语释义】

比喻礼物虽然微薄，却含有深厚的情谊。出自宋代形俊臣《临江仙》。

【成语典故】

唐朝初期的贞观年间，西域的回纥（hé）国臣服于大唐。回纥国国王为了向大唐表示友好，便派了一个忠诚的使者缅伯高带着一批珍奇异宝去拜见唐朝皇帝李世民。在所有的贡品当中，最特殊、最珍贵的是一只白天鹅。

缅伯高带着这些珍宝赶路，生怕这只珍贵的白天鹅有什么三长两短，所以尽心照顾它，一路上小心翼翼地喂水喂食,一点也不敢马虎。

缅伯高行到一个大湖时,白天鹅伸着脖子张着嘴,看起来是一副很想亲近一下湖水的样子,缅伯高想,正好可以顺便给天鹅清洗一下,于是便打开笼子把天鹅带到湖边。可他怎么也想不到,喝足了水的天鹅一扇翅膀就飞到了空中。缅伯高奋力向它扑去,却再也抓不住它了,只能看着它越飞越远,很快就消失在茫茫的天空中。

缅伯高又急又怕,不知道如何交差,既不敢去见唐太宗,又不敢回去见回纥国国王。就在他不知所措的时候,他看到天鹅掉落在地上的几根雪白的羽毛,觉得它们那样轻柔、纯净,于是他灵机一动,决定带着鹅毛去见唐太宗。

主意已定,缅伯高拿出洁白的丝帕包好鹅毛,又在丝帕上题了一首诗。他在诗中说:天鹅本来是送给唐朝皇帝李世民的珍贵贡品,但无奈回纥离大唐的都城长安隔山隔水,实在是太远了。在路过沔(miǎn)阳湖的时候,我不小心把这件宝物给弄丢了。不过,虽然宝物没有了,但我们回纥对大唐的一片真情却仍然还在，所以我请求大唐的天子只怪罪我缅伯高一个人，不要迁怒我们回纥啊！我现在手上只剩下了鹅毛，但还是要千里迢迢地把它送来，因为礼物虽然微不足道，但我们回纥人的情义却重比千金啊！

就这样，缅伯高带着鹅毛和其他宝物一刻也不敢多耽误，日夜兼程赶到了长安。

面见唐太宗时，缅伯高向唐太宗表达了敬意，也如实告诉唐太宗天鹅飞走的事，最后献上了鹅毛。唐太宗看到了他题在包裹鹅毛的丝帕上那首情真意切的诗，不但没有怪罪他，反而觉得缅伯高忠诚可信，因此重重奖赏了他。

后来，"千里送鹅毛，礼轻人义重"便成为我国民间礼尚往来、交流感情的写照或一种谦辞。

【文化内涵】

天鹅因为形体优雅、羽毛洁净，被古人看成纯洁、忠诚、高贵、勇敢的象征。古时天鹅也称为"鹄"，人们常将它与大雁并称为"鸿鹄"。因为它们飞得又高又远，所以人们借用鸿鹄比喻那些志向远大的人；而那些没有自知之明，却一心想要谋取自己无法拥有的东西的人和行为，也被嘲笑为癞蛤蟆想吃天鹅肉。

在西方文化中，天鹅同样是高贵的鸟儿，文学家和音乐家常以天鹅为题创作作品。我们非常熟悉的西方文学作品——《安徒生童话》里，那只总是被人瞧不起，受尽欺凌、历经磨难的丑小鸭，后来便蜕变为一只美丽的白天鹅。

《天鹅湖》里的爱情故事更是打动人心。美丽的公主奥杰塔被凶恶的魔王施以魔咒，变成了天鹅。她只有在晚上才能变回人形，而且必须等到一个真心爱她的人，才能解除魔法。在另一个国度里，年轻的奇格弗里德王子在一次偶然的打猎过程中遇到了一群天鹅。当王子追赶天鹅来到湖边时已是深夜，于是他目睹了天鹅变成公主的奇迹。变回公主之身的奥杰塔向王子讲述了自己的不幸遭遇，王子深深爱上了她，并发誓要在成年庆典上宣布与奥杰塔公主订婚。天将破晓，奥杰塔公主在变回天鹅之前警告王子，如果他违背了爱的誓言，她将永远不能变回人形。

可是，这一幕被魔王看在眼里。在王子的成年礼上，魔王伪装成使臣，把自己的女儿变成奥杰塔的样子前来赴宴。王子被骗，对假公主许下了爱的誓言。正在此时，真公主出现在他面前，他却认不出来，真公主只能绝望地回到湖中为爱而死。就在她死去的那一刻，天地间电闪雷鸣，王子从魔咒中醒了过来，冲出皇宫来到湖边。这时真公主已自沉湖底，王子于是拔剑怒斩魔王，随公主一起葬身湖中。

这是一个悲惨的爱情故事。

大概是觉得这样的结局太令人伤心，也有的版本为它加上了喜剧的尾巴：二人忠贞不渝的爱情感天动地，他们最后解除了魔咒，获得了圆满的结局。

《天鹅湖》是俄罗斯音乐家柴可夫斯基于1876年应邀完成的芭蕾舞剧，从此以后，它就成为世界上最有名的芭蕾舞剧，也成为所有古典芭蕾舞团的保留剧目。

俄罗斯画家弗鲁贝尔还画过一幅凄美又神秘的《天鹅公主》油画。

弗鲁贝尔《天鹅公主》
莫斯科特列恰科夫艺术博物馆

在古希腊神话中，天鹅又是艺术的保护神阿波罗的神鸟，所以它又被拿来比喻文学和艺术。传说天鹅平时并不唱歌，但在它临死前会唱唯一的也是最后的一支歌，那歌声宛如天籁，极为婉转动人，所以人们也将艺术家最后的杰作称为"天鹅的绝唱"。

【代表文物】

一般来说，玉以纯净无杂色为佳，所以这块玉料上有黑有白，想要将它"化腐朽为神奇"，就需要工匠更加高明的构思。当然，构思的结果出人意料地完美，工匠用白玉雕出了一只天鹅，又利用"巧色"手法将包裹它的黑玉雕成了一只正在捕杀天鹅的海东青，恰好完美体现了金人的生活习俗。

春水玉饰
金
上海博物馆

早在契丹人建立辽代开始，就制定了四时捺钵

（nà bō）的制度，捺钵就是帝王的渔猎活动。春捺钵主要就是放出海东青捕猎天鹅或者大雁。海东青是一种体形不大的猎鹰，它的飞行速度奇快且异常凶猛，主要产于黑龙江、吉林等地，当地的少数民族便将它们训练成狩猎的重要帮手。

事实上，海东青的体形远远小于天鹅，所以海东青会与天鹅缠斗许久，再找机会咬着天鹅的头一起落地，地上的猎手则会用一种特制的刺鹅锥将天鹅刺死。

刺鹅锥
辽
内蒙古博物院

辽代盛行驯养海东青，因此当辽国称霸北方的时候，常会派使者前去出产海东青的女真部索取。有观点认为，正是这种无度的索取激起了女真人的反抗，最终导致了辽国的灭亡。

殷偕《鹰击天鹅图》
明
南京博物院

当然,女真人建立了金国以后,还是沿袭了捺钵的传统,并把表现海东青捕猎天鹅的场景反映在玉饰上,称为春水玉。

与春水玉相对的还有秋山玉,它以秋捺钵的场景为题材,大多反映的是秋天在山林中猎鹿的场景。

请君入瓮

【成语释义】

比喻用某人整治别人的办法来整治他自己。出自北宋司马光《资治通鉴·唐纪·则天皇后天授二年》。

【成语典故】

唐代初期,唐高宗驾崩后,武则天独揽大权,后来做了女皇帝。为了巩固她的统治,清除异己,武则天对官员采用了严酷的刑罚,并且任用了一大批酷吏,周兴和来俊臣就深受器重。

周兴原本在唐高宗时期做过县令,但没有得到重用。武则天掌权后,她鼓励告密,哪怕是诬告也不会受罚,反而可能得到重赏,于是周兴便积极告密,因此深得武则天的欣赏，官越做越大。他为了逼供，发明了许多残酷的刑罚，在他手上惨死的多达数千人。

来俊臣原本是一个无赖，也因为告密得到武则天信任。他同样采取各种手段，在他手里被残害枉杀的也多达数千人。

周兴和来俊臣等人因为受到武则天的信任而横行枉法，所以很多人既害怕又厌恶他们。

有一次，有人告周兴谋反，武则天便派来俊臣去审问他。来俊臣故意请周兴吃饭，席间他问周兴："如果遇到犯人不肯认罪，你用什么办法对付他们？"周兴脱口而出，说他会把犯人放在大瓮里面折磨，犯人无法忍受，便一定会招供。来俊臣听了点头称是，于是命人立刻找来一口大瓮，然后对周兴说："有人告你谋反，皇上让我来调查此事。现在，请老兄你自己钻到瓮里去吧！"周兴一听脸都吓白了，连忙跪地不停地磕头请罪。

后来，武则天并没有判处周兴死罪，只是将他流放。在流放途中，周兴被仇家所杀。

酷吏来俊臣最后也同样不得善终，被人告发他的种种罪行。由于他迫害过的大臣和宗室成员太多，手段太过残忍，大家纷纷要求判他死罪，最后迫于各方压力，武则天将他斩首。

这也算是自食其果了。

【文化内涵】

瓮是一种体形较大的陶器，用来装酒水，主要特点就是大腹收口，所以掉进瓮里的东西不太容易出来，这才有了"瓮中捉鳖"的成语。

另外，古代修城墙时，为了增强防御性，会在城门外或城门内侧修建一个半圆形的护门小城，它与城墙连在一起，上面设有箭楼、门闸等，相当于两道防障，当敌人破门而进入小城时，很容易被围困其中，遭遇上面的攻击，这种小城也因此被称为瓮城。

【代表文物】

这是元代留下来的一个巨型玉酒瓮，重达 3500 公斤。据考证，它被元世祖忽必烈用来犒赏三军、大宴群臣。这件玉海由一整块墨色的玉石雕刻而成，形状近乎椭圆,玉质斑驳,黑中夹杂着白,像是汹涌的海中泛起波涛,所以工匠们因势就形,把玉石的内部掏空制成瓮形,更索性将外壁周身设计成大海,巨浪滔天,旋涡翻滚,气势撼人。

渎山大玉海
元
北京北海公园团城

在翻腾的海水里,工匠们又深深浅浅地刻上了龙、鹿、马、犀牛、海鱼、海螺等十多种动物,一片大海便由此热闹起来。

右侧是用和田玉精心雕琢的玉瓮,瓮上雕刻着九条龙，下面配的铜座是海水纹的，所以又被称为"福海"，寓意"福如东海长流水"。

青玉云龙纹瓮
清
故宫博物院

塞翁失马

【成语释义】

塞指边塞上的险要地方,比喻虽然暂时遭受了损失,但也许因此能得到好处,也指坏事可能变成好事。出自西汉刘安《淮南子·人间训》。

【成语典故】

在靠近边塞的地方,住着一位擅长占卜推测吉凶的老头。有一天,他的马无缘无故地跑到塞外游牧民族居住的地方去了,也不见回来。人们都来安慰他,让他放宽心,这个老头却说:"谁说这事就不会是一种福气呢?"果然,过了几个月,他那匹跑走的马竟然又跑回来了,还带回来游牧民族的许多良马。人们都来祝贺他的好运气。结果这个老头又说:"谁知道这是不是一场祸事呢?"

这个老头把这些马都养在家里,又过了一段时间,他儿子因为骑马摔断了腿。人们又来慰问他。这个老头说:"这事可能是一件好事呢!"过了一年,北方游牧民族大举南下入侵,边关一带的男子都被拉到前线打仗,但老头的儿子因为摔断了腿,所以没有被征兵。结果,这场仗打了很多年,前线伤亡惨重,老头的乡亲四邻死伤无数,只有他儿子因为留在家里而保全了性命。

【文化内涵】

在古代,马是极为重要的运输工具,更是重要的战略物资,所以中原很早就从北方和西北的游牧民族引进优良马种。

古代最负盛名的就是"汗血宝马",传说这种马产于大宛国(大约位于今天中亚乌兹别克斯坦的费尔干纳盆地地区),它的速度和耐力都远超一般的马,流出来的汗是红色的,就像血一样,因此被称为"天马"。

汉武帝多次派人出使西域,希望能从当时的大宛国引进良马,在遭到拒绝之后,甚至不惜发动战争征讨,花费了巨大的人力物力,最终才如愿获得了数十匹上等良马,又带回数千匹中等马来改良中原的马种。

杜甫曾在《房兵曹胡马诗》中描述过这种宝马的神威:"胡马大宛名,锋棱瘦骨成。竹批双耳峻,风入四蹄轻。所向无空阔,真堪托死生。骁腾有如此,万里可横行。"

古人之所以如此看重马匹,是因为古代的中原王朝一直面临着北方游牧民族南下入侵的威胁,面对北方的铁骑,中原的步兵常常处于弱势,因此骑兵的建设显得尤其重要,而骑兵最重要的装备就是马匹。在战场上,马的优劣可以决定骑兵的生死,骑兵的优劣又往往直接决定着军队的战斗力,承载着一个王朝的命运。因此历史上比较强悍的王朝,如汉唐,都有引进良马、改进马种的记录,同时,这些朝代留下来的文物里,马的形象不仅多,而且塑造得极为神俊。

西方还流传着这样一首童谣:"失了一颗马蹄钉,丢了一个马蹄铁;丢了一个马蹄铁,折了一匹战马;

折了一匹战马,损了一位国王;损了一位国王,输了一场战争;输了一场战争,亡了一个帝国。"它讲的就是英国国王理查三世兵败国亡的真实事件。

【代表文物】

其实,在马镫发明之前,想要骑马打仗是一件很困难的事。因为没有马镫,骑手的双脚无处固定,就很难在马背上坐稳,马跑得越快,他们摔下来的可能性就越大。

铜鎏金木芯马镫
十六国时期
辽宁省博物馆

现在发现得最早的双马镫实物是十六国时期的,距离刘安撰写《淮南子》已经过去了五百多年的时间,所以塞翁的儿子骑马摔断腿并不是什么稀奇事。

马镫的发明大大提高了骑兵的战斗力和在战争中

的重要性，它传入欧洲以后，骑兵渐渐取代步兵成为欧洲战争中的主要兵种，说它改变了历史也毫不为过。

这件骑马俑上有一个清晰的单马镫，只有左侧有，右侧没有。它并不是让骑兵在马背上固定双脚的，而是上下马时踏脚用的，所以对于作战并没有什么帮助。

下面是墓主人出行仪仗队列的再现，有重装骑兵、轻骑兵、步兵、马、牛等，气势汹涌，声势浩大。

骑马俑
西晋
中国国家博物馆

宋绍祖夫妇墓俑群
北魏
大同市博物馆

三人成虎

【成语释义】

原指三个人都说集市上有老虎,别人便以为真的有老虎。比喻谣言或讹传一再重复,就会使人信以为真。出自西汉刘向《战国策·魏策二》。

【成语典故】

春秋战国时期,诸侯国之间经常会出于利益而结盟。为了表达诚意,意欲与人结盟的国家常常将国君的公子送到盟国去当人质,这是当时的外交惯例。

当时的魏国想与赵国结盟,于是魏王要把太子送去赵国的都城邯郸,并且派一个叫庞葱的大臣陪同。

出发之前,庞葱问魏王:"大王,如果现在有一个人说集市上出现了老虎,您会相信吗?"魏王说:"我自然不会相信。"庞葱又问:"如果有两个人说集市上出现了老虎,大王会相信吗?"魏王说:"那我就有点将信将疑了。"庞葱接着又问:"如果三个人说集市上出现了老虎,大王会相信吗?"魏王说:"我当然会相信了。"庞葱说:"大王,其实人人都清楚集市上是不会有老虎的,但是如果有三个人说那里有老虎,听上去就像真的有老虎了。如今,我们要离开魏国的大梁城前去赵国的邯郸,这个距离比王宫离集市要远得多,而且批评诽谤我的人又不止三个,希望大王明鉴,不要听信那些谗言啊!"魏王说:"我知道,我不会听信的。"于是庞葱告辞离去,陪着太子在赵国一待就是很久。

果然,庞葱一离开,诽谤他的种种传言就不断地传到魏王耳朵里。后来,太子结束了人质生涯,庞葱和他一起回国后,真的再也没有得到魏王的召见。

【文化内涵】

在远古时期,人们对天生具有王者风范的老虎尊崇有加,认为它具有超自然的神力,因此将它看成守护神。八千年前，原始人类就开始用蚌壳堆塑出老虎的形象，守护在墓主人身边，后来人们又把白虎看作守护西方的神兽，我们的各种器物上也常常出现老虎的形象。

许多暗含"威猛勇敢"之意的词汇中也常常会用到"虎"字，比如将门虎子、虎视眈眈、虎背熊腰等。

【代表文物】

这件西周的虎鎣（yíng）造型极其富有想象力，不仅盖子被塑造成了一只蹲踞的猛虎，而且管状流也被

虎鎣
西周
中国国家博物馆

巧妙地设计成一只趴着的老虎，张得老大的嘴恰好就成了鎣嘴，尤其是身后高高翘起的尾巴，为造型增添了许多灵动之感。鎣的把手——鋬（pàn）被做成了龙头的样子，这真是一件龙盘虎踞的重器。

据专家考证，虎鎣当时是用来装郁金汁的，它是用郁金草煮成的汁，具有特殊的香味。人们把这种郁金汁掺进一种珍贵的鬯（chàng）酒里，再把这种酒加热，让它的香味散发，最后把剩下的酒汁倒在地上，以此祭祀天上和地下的鬼神。

这件虎鎣原本收藏于圆明园，1860年英法联军洗劫圆明园时被盗入英国，2018年被人在拍卖会上买下，最后回到了祖国。

玉虎
商
上海博物馆

守株待兔

【成语释义】

比喻死守狭隘的经验，不知道变通，也比喻妄想不通过主观努力而侥幸获得意外收获。出自战国韩非《韩非子·五蠹》。

【成语典故】

战国时期，宋国有个农民，他种的田里有一个树桩。有一天，他正在田地里劳作，一只野兔飞快地跑来，一不小心撞到了那个树桩，撞断了脖子死了，农民就把兔子捡回了家。得到这个意外收获，农民非常兴奋，因为这比种地容易多了，于是他期待着还能有这样的好事再次发生。

第二天，农民来到田里，也没心思耕作了。他干脆放下农具，守在那个树桩旁边，希望还能再来一只兔子撞死，可是哪里还有兔子的影子。第三天、第四天……他一直守着树桩，直到田地都荒芜了，他再也没有等到任何一只兔子。

当然，他自己也成了宋国人的笑话。

【文化内涵】

兔子生性胆小、敏感，对周围环境的警惕性特别高，一旦遇到危险会以惊人的速度奔逃，所以人们常常用"动若脱兔"来形容动作迅速。

在古代，人们把月亮中的阴影看成是一只兔子的轮廓，认为月亮上有一只兔子在捣长生不老的仙药。所以从明代开始，人们在中秋节的时候，会祭拜月宫的兔子，求它消病去灾，尤其是保护孩子健康成长。

后来，人们又把兔子高度拟人化，设计出兔儿爷的形象。它们多作武将装扮，常常头顶金盔、斜披红袍，露出里面的金甲，威风凛凛，气势夺人。

到了清代，北京地区经常有瘟疫流行，捣药的兔儿爷就更加流行一时。无论是平民百姓还是达官显贵，都有除病消灾的一致诉求，连皇宫中也不例外，所以故宫里收藏的兔儿爷，正是清宫当年购自民间的物品。

兔儿爷除了保佑孩子远离病疫，还因兔子非同一般的繁殖力而被寄托了子嗣繁多、人丁兴旺的期待。

【代表文物】

这是清宫当年收藏的兔儿爷，人们安排它们骑着

兔儿爷
清
故宫博物院

不同的动物，以寄托不同的寓意：骑猛虎是为了突出公正、勇敢和光明，以使邪祟退让，保佑平安；骑白象代表吉祥平安；如果骑鹿，则代表健康长寿；还有坐在牡丹花丛中的寓意富贵，等等。

兔儿爷在整个清代都很流行，一直到民国还有祭拜习俗。到了现在，它已成为极具代表性的北京非物质文化遗产之一。

熟能生巧

【成语释义】

熟练了就能掌握技巧，运用自如，或找到窍门。出自北宋欧阳修《归田录》。

【成语典故】

宋代有个叫陈尧咨的官员非常精通射箭，被认为举世无双，他对此很是自负。

有一天，陈尧咨在自己家的后花园里向大家展示射箭，旁边有个卖油的老头也放下担子，斜着眼看他表演，看了很久都不走。陈尧咨射出去的箭十之八九都正中靶心，于是他志得意满地微微点头。

陈尧咨看到这个老头好像对此很有兴趣，就问他：

"你也懂射箭？我的射术难道不精湛吗？"老头回答他说："其实这没什么了不起的，只不过是练得多了，手法熟练罢了。"陈尧咨一听极为愤怒，因为从来没有人这样轻视过他的射术，于是质问这个老头："你竟敢轻视我的技术！"

老头不紧不慢地说："我并不是故意轻慢你，只不过以我卖油倒油的经验来判断，才这样说的。"说完，他取出一个葫芦放在地上，又在葫芦口上放了一枚铜钱，然后用勺子慢慢地舀了一大勺油，高高地举起来往葫芦里倒。倒下去的油从钱孔顺利地流进了葫芦里，再看那枚铜钱，一点都没有被油沾湿。众人十分惊奇老头这样的"绝技"，老头却说："我这技术也没什么可大惊小怪的，只不过是做得多了，手法熟练了而已。"

于是，陈尧咨笑着把他送走了。

【 文化内涵 】

陈尧咨是宋代著名的人物，他在宋真宗咸平三年（1000年）考中状元，后来做官很有成绩。但他性情刚烈暴戾，对人非常严苛，又数次不守法纪，所以数次遭贬，仕途并不是很顺利。

陈尧咨擅长射箭，最能显示他射术的是他曾经以一枚铜钱为靶子，一箭穿孔而过。此外，他的书法在当时也颇为有名，尤其隶书成就很高。

看到他的生平和性格，我们就不难理解为什么他对卖油老头有那样愤怒的态度了。

其实，卖油的老头说的一点都没有错，历史上熟能生巧的例子也不胜枚举。我国的历史上从来不乏天才，但没有谁不是经过艰苦卓绝的练习才取得巨大的成就的。

像东晋的大书法家王羲之，实在是书法史上难得的天才，被誉为"书圣"。但终其一生他都没有停止练习书法。他幼年时由于长期刻苦练字，经常洗刷砚台，以至于将一池水全部染成了墨色，于是人们称之为"洗砚池"。

他的儿子王献之幼年时练字，仅用来滴砚研墨的水便用了十八缸。王献之的书法成就毫不逊色于父亲，因此被世人并称为"二王"。

史书上也同样记载过一些本来极具天赋的人，因荒于练习而丧失了才华，变得与普通人无异，格外令人惋惜。比如北宋文学家王安石就写过一篇《伤仲永》，记载了江西金溪一个叫方仲永的孩子，他们家祖祖辈辈务农，没有人读书，但仲永五岁时，突然有一天哭着要笔和纸。他的父亲向邻居借来给他，他立刻写出了四句诗，一时之间名气传开了。人们为了试试仲永的天赋，常常指着物品让他作诗，他不仅立刻能完成，而且诗中所述的事理和文采都相当值得称道。他的名声越来越大，人们也纷纷将他们父子引为上宾，甚至花钱求仲永作诗。于是，方仲永的父亲每天只带着他四处会客，不让他学习。没过几年，他的诗已经名不副实了。又过了几年，他少年时的灵气全无，已经与常人无异了。

【代表文物】

自秦始皇统一中国，圆形方孔钱就成为统一流通的货币，区分它们的年代主要看上面铸的字。虽然历代钱币的大小、价值有差异，但大体样式一直保持到清代，也没有发生太大的变化。这种钱中间的方孔直径只有 8 毫米左右，确实非常小，所以卖油翁从方孔中倒油

秦半两
上海市银行博物馆

汉五铢
开封饮食文化博物馆

北宋大观通宝
浙江省博物馆

而不沾湿钱币的技术才让人惊讶,也更具有说服力。

　　清代的乾隆皇帝酷爱书法,于是专门设置了一间小暖阁"三希堂",用来珍藏和赏玩他最喜爱的书法作品,其中就包括王羲之的《快雪时晴帖》、王献之的

《中秋帖》以及王羲之侄子王珣的《伯远帖》。后来，这三件稀世之作又被人称为"三希帖"。

王羲之《快雪时晴帖》、王献之《中秋帖》
东晋
故宫博物院

螳螂捕蝉,黄雀在后

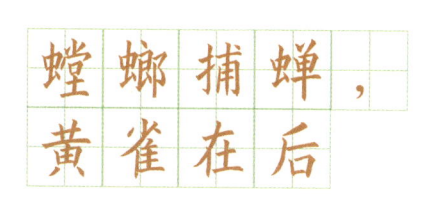

【成语释义】

螳螂一心在捉蝉,不知道黄雀在后面正打算要吃它。比喻只看见前面有利可图,却不知道祸患就在后面。出自战国庄周《庄子·山木》。

【成语典故】

春秋时期,吴国的实力越来越壮大,于是吴王想要攻打楚国。这个主意遭到了大臣的反对,理由是如果吴国倾力而出,这一仗的胜算很大,但会造成后方空虚,如果此时其他诸侯国乘虚而入攻打吴国,后果将不堪设想。可是吴王主意已决,不再理会大家的反对,甚至还放出狠话说:"如果谁敢来劝阻,我就把他处死!"

大臣们不敢再言,但这个隐患十分可怕,所以大家一筹莫展,不知想什么办法劝说吴王。这时候,有一位侍奉吴王的少年决定碰碰运气,去说服吴王改变主意。

第二天一大早,少年就拿着弹弓在王宫的后花园里转来转去。可是,他根本没见着吴王。于是第三天一大早,他又去了后花园,吴王终于发现了他,便好奇地问:"一大早你来后花园干什么?你的衣裳和鞋子都被露水打湿啦!"

少年回答说:"禀报大王,我正在打鸟。"

吴王问:"你打到鸟了吗?"

少年说:"我虽然没有打着鸟,却发现了一件很有意思的事。"

吴王一听就有了兴趣,于是追问他是什么事。

少年指着后花园里的一棵树对吴王说,上面有一只蝉正在快活地放声高叫,一边叫一边喝着露水,却完全没有发现一只螳螂早已等在它的身后。螳螂正拱着身子举起前爪，伺机要捕捉这只蝉，而螳螂身后又站着一只黄雀。

吴王听得津津有味，又夸他观察仔细，接着问他："那只黄雀是要捉那只螳螂吗？"

少年告诉吴王说："是的，黄雀等了半天，现在正伸长了脖子想要啄食螳螂，可它哪里知道我拿着弹弓已经瞄准它半天了！蝉、螳螂和黄雀都只看到了自己眼前的利益，以为自己可以饱餐一顿，它们哪里想得到身后隐藏着这么大的危险，会要它们的命啊！"

听了少年的话，吴王恍然大悟，立刻打消了攻打楚国的念头。

【文化内涵】

"螳螂捕蝉，黄雀在后"的事情在历史上多次发生，损失最大的要算宋代。

北宋时期，北方的辽国实力很强，对北宋政权构成了巨大的威胁。辽宋之间多次爆发战争，宋朝损失惨重。后来北宋联合处于辽国北边的金国消灭了辽国。结果金国发现北宋国力虚弱不堪一击，于是不再犹豫，大举出兵北宋，灭辽国两年后灭了北宋。

后来，南宋政府又一次搞出这样的联合。这一次，南宋想联合蒙古人灭金，结果蒙古灭金之后实力越来越强，野心也越来越大，最后南宋被蒙古所灭。

【代表文物】

这是一幅工笔写生的长卷，画面上各种花草开得

谢楚芳《乾坤生意图卷》（局部）
元
大英博物馆

缤纷灿烂，花丛中还有蝴蝶、蜻蜓、蜜蜂等各种昆虫飞舞，看上去天真烂漫，一派生机。但仔细看，你会发现画面实际上表现的却是自然界的弱肉强食：有蜻蜓捕杀苍蝇，而蟾蜍则伺机捕杀蜻蜓；蝗虫正在吃草，蜥蜴则伺机而动；还有螳螂捕蝉，黄雀在后等场景，杀机四伏，气氛紧张。

　　这是五代时期杰出的花鸟画家黄筌为了让自己的儿子习画，专门给他画的一幅"教科书"。画面上均匀

黄筌《写生珍禽图》
五代
故宫博物院

地分布着 24 只鸟儿和昆虫，种类多达 19 种。不论是鸟是虫，黄筌都画得毫发毕现，连鸟羽毛上的花纹、昆虫翅膀上的纹路脉络都历历在目。画面还根据每一种动物的真实样子施了彩，几可乱真。

后来，黄筌的儿子果然不负父亲的期望，也成为出色的花鸟画家。他们一家人所擅长的这种精细、绚丽的绘画风格，被人称为"黄家富贵"。

亡羊补牢

【成语释义】

亡指丢失,牢指关牲口的圈,亡羊补牢指丢失了羊就修补羊圈。比喻出了差错及时想办法弥补,防止继续蒙受损失。出自西汉刘向《战国策·楚策》。

【成语典故】

春秋战国时期的楚国本来是南方的强国,但楚襄王即位后,他贪图享乐、远离贤良、重用奸臣,楚国的政治日益腐败,国力也一天不如一天。在当时群雄争霸的局面之下,楚国的情况很危急。

楚国有一个名叫庄辛的大臣,看到这样的情况心里很着急,想找机会劝劝楚襄王。但楚襄王自以为是,根本不愿意听批评和建议，所以庄辛总是找不到机会。眼看着国势日益衰微，庄辛实在看不下去了，于是直接跑到楚襄王面前，壮起胆子说："大王啊，您在宫里的时候，左边陪伴的是州侯，右边陪伴的是夏侯；出宫的时候，又总有鄢陵君和寿陵君伴你左右。你和他们在一起，只讲究奢侈享受，不管国家大事，这样下去，我们的都城郢都可真的危险啊，我们的国家早晚会灭亡啊！"

听了这话，楚襄王勃然大怒，指着庄辛骂道："你是老糊涂了吧，你竟敢这样诅咒楚国，还说出这些恶毒的话来惑乱人心！"

庄辛不紧不慢地回答："我是深感事情必定会闹到这步田地啊。我并不敢故意夸大楚国的问题，也不敢诅咒楚国会发生什么不幸。但如果大王您一意孤行，继续这样下去，楚国是一定要亡的啊！您既然不相信我的话，那就请允许我到赵国躲一躲吧，到时候您就会看到事情的结果了。"即便庄辛这样苦口婆心地劝谏，楚襄王也根本不采纳他的忠言，庄辛只好躲到赵国避祸。

庄辛只在赵国待了五个月，秦国就组织大军攻打楚国了，楚国根本无力阻挡，郢都很快就被秦国攻陷了。这时候的楚襄王像丧家之犬一样四处奔逃，一直逃到了城阳（现在河南信阳一带）。直到国破城灭的这一刻，楚襄王才想起庄辛的忠告，觉得庄辛才是真正的贤良之人，自己应该早听他的话。于是，悔恨交加的楚襄王派人把庄辛从赵国迎请回来，并诚恳地对他说："可惜过去我没有听你的话，才会弄到今天这步田地，你看现在还有办法挽救吗？"

庄辛说："大王是真的回心转意了吗？"

楚襄王说："我现在是真的后悔了，只是不知道现在改过还来得及吗？"

庄辛说："我给您讲一个故事吧。从前有个人养了一大群羊，每天清晨他都会清点羊的数量。有一天，他发现少了一只羊，仔细检查了一番后，发现是自己的羊圈破了个洞，到了夜间狼从破洞钻进来叼走了一只羊。邻居劝他赶紧把羊圈修补修补，把破洞堵上。可是那个人根本不听，反倒说羊已经丢了，再来修羊圈又有什么用呢？结果第二天早上，他发现羊又少了一只。原来,前一天晚上,狼又从破洞钻进羊圈叼走了一只羊。他这才后悔自己没有听从邻居的劝告,于是立刻把洞补上了。从那以后,他的羊再也没有丢过。"

听了这个故事,楚襄王明白了庄辛的用意,便请他出谋划策帮助楚国渡过危难。庄辛为楚襄王仔细分析了局势,又鼓励楚襄王振作起来。他说只要改正错误重振旗鼓,秦国一时之间是不能灭掉楚国的。楚襄王认真听取了庄辛的建议,按他的话去实施,楚国果然得到了恢复和振兴。

【文化内涵】

羊是我们祖先最早驯化的动物之一,一直深受人们喜爱。

我们的汉字中也有许多以"羊"为字根的字,比如羊大为美、羊言为善、羊食为养(養)、羊我为义(義)、鱼羊为鲜等。古代"羊"与"祥"两字通用,所以羊被看作吉祥的象征,我们的青铜器、玉器以及各类吉祥图案中常常出现羊的形象。

另外,"羊"又与"阳"谐音,所以人们又常用三只羊的图案象征"三阳开泰",以示冬去春来一年初始,万物复苏蓬勃兴旺。

陶幼龄羊
东汉
故宫博物院

【代表文物】

这盏羊形灯设计巧妙,它的背部在使用的时候会被翻开置于羊头上,成为盛装灯油的托盘,不用的时候向下翻扣,灯油就会流入羊的腹内。羊背复原后,这盏灯又成为一件生动的雕塑。

鎏金羊灯
西汉
西安博物院

盲人摸象

【成语释义】

比喻对事物一知半解,不对全局作判断。出自古天竺僧人伽斯那《百喻经》。

【成语典故】

从前,印度有四个盲人,他们的关系很好,常常在一起探讨问题,所以他们都认为自己是聪明人。时间久了,人们也觉得他们很聪明。

有一天,这四个盲人正在路边聊天,有人牵着大象过来,他们听出脚步声很沉重,便问路过的是什么。路人告诉他们那是大象。他们总是听说大象,却不知道大象有多大、是什么形状的,于是问牵象人能不能让他们摸一摸。

牵象人同意了他们的请求,四个盲人便围到大象前摸了起来。

一个个子高的盲人摸到了大象的身体,他觉得大象宽宽大大的,便说大象像一张床。个子矮的盲人只摸到了大象的腿,他觉得大象粗粗壮壮的,就说大象像一截树干。第三个人摸到了大象的耳朵,他觉得大象扁扁平平的,于是说大象像一把扇子。第四个人摸到了象尾巴,他觉得大象细细长长的,于是说大象像一根绳子。

四个人都觉得自己摸到的大象是对的,因此争执不休,谁也说服不了谁。旁边的人看了,都哈哈大笑起来。

【文化内涵】

大象是目前陆地上最大的哺乳动物,性情比较温和,自古以来深受人们的喜爱。在我国的传统文化里,"象"又与"祥"字谐音,所以它也被看成吉祥的象征。

人们会把象与其他物品组合，表达美好的寓意，比如象背上驮着瓶子，寓意"太平有象"，大象驮着插了戟的瓶子则寓意"太平吉祥"，还有大象驮童子、如意等，表达的也都是"吉祥如意"的寓意。

在佛教里，大象更被看成高贵圣洁的化身，普贤菩萨的坐骑就是一头六牙白象，寓意愿行广大、功德圆满。

元朝建立后，东南亚的一些国家每年都会向元朝进贡大象，元朝为此还设立了专门的驯象所，建了专门的象房，并配备专业的驯象师。每到三伏酷暑之日，象奴们就会牵引大象在积水潭中洗浴，声势浩大，围观的百姓多达上万人。

到了明代，三伏洗象逐渐演变为民俗。

到了清代乾隆时期，大象最多的时候有三十多头。每到洗象之日，京城百姓都倾城围观，甚至成为当时的一大风尚。

洗象不仅是一项热闹的活动，还有很深的佛教寓意——"洗尔尘障，得见真如"，意思是说人们要洗去内心凡俗的欲念，才能领悟真正的佛法。

后来,《洗象图》就成为一种比较固定的题材一直流行于明清。

丁观鹏《乾隆皇帝洗象图轴》
清
故宫博物院

【代表文物】

　　清代的乾隆皇帝潜心学佛数十年,为了表示对佛教的敬仰,他不仅建佛寺、译佛经、造法器等,还经常扮成菩萨的样子。这幅画上他就扮作普贤菩萨,一众天王、僧侣、金童、玉女为他洗象。

　　画面上一脉流水蜿蜒而来,将树石、大象、人物都聚在一起,富有韵律感。通过大象的目光巧妙地突出了乾隆皇帝的形象,他高大稳健,衣纹颤动,既像行云又像流水,颇有神异色彩,由此彰显出乾隆皇帝超尘脱俗的"菩萨"身份。

掩耳盗铃

【成语释义】

原指捂住耳朵偷铃铛,比喻自欺欺人。出自战国吕不韦《吕氏春秋·自知》。

【成语典故】

春秋末期,晋国的贵族集团内部争权夺利,相互之间发生了很多战争。晋国的贵族智伯杀了当时晋国六卿之一的范氏,还灭了范氏全家,范氏家族由此从辉煌走向破落。不过,范家虽然门庭冷落,但家里有些贵重的物品和陈设还在,于是引来了对这些东西垂涎三尺的人。

有一天,一个人钻到范氏家里想偷点东西,看见庭院里有一口大钟十分精美，便想把钟偷偷地背回家去。不过，这口钟又大又重，他根本背不动，于是决定把钟砸成碎块，再一块一块地搬运回去。

这人找来一把大锤拼命地朝钟砸去，只听"当"的一声巨响，他自己都被吓了一大跳。声音远远传开去，他一下子就着了慌，这么大的声音岂不很快就会把大家都引来吗？于是，他急忙扑到钟上想让声音停下来，可钟声怎么捂得住呢？情急之下，他使劲捂住了自己的耳朵，立刻发现钟声变小了，然后他就把耳朵捂得更紧，真的听不到声音了。

他兴奋地找来两个布团，塞住了自己的耳朵，于是放心大胆地砸起钟来。不一会儿，人们就赶到范家把他团团围住了，这个人还非常奇怪地问大家是怎么听到钟声的。

【文化内涵】

商周时期，贵族在祭祀或者宴会时都需要奏乐，钟就是重要的乐器之一。钟大多是成套的，按大小被依次悬挂在架子上供人敲击，不同大小的钟会发出高低不同的乐音。

为了形容贵族仪式的隆重和生活的奢侈，就有了"钟鸣鼎食"这个成语，意思是吃饭的时候敲钟，用许多鼎装着食物。

除了钟，青铜乐器还有很多，比如铙（náo）、镈（bó）和铃。铙的形状很像钟，但它是口朝上直立的，下面的短柄还会装上木把，铙也有不少是成套使用的。

镈是一种大型单体打击乐器，镈和钟的显著区别

曾侯乙编钟
战国
湖北省博物馆

其中的那件镈你找得到吗？

在于镈的口是平的,钟的口是弧形的。镈有时候会和编钟组合在一起,起到"一锤定音"的作用,像著名的曾侯乙编钟就是64件钟和1件镈的组合。

铃则是一种小型的乐器,不靠敲击发声,而是通过铃内的小舌撞击铃壁发声。

【代表文物】

执铃
商
上海博物馆

四虎镈
西周
故宫博物院

兽面纹大铙
商
故宫博物院

这个执铃的造型非常有趣，圆筒形的铃身上有一些镂空的格子，还有三排 24 个环。当它被摇响的时候，发出的响声不同寻常。

夔龙纹编钟
周
中国国家博物馆

大司空村铜铃
商
中国国家博物馆

叶公好龙

【成语释义】

指表面上好像喜爱某种事物，但实际上并不真正喜爱。出自西汉刘向《新序·杂事五》。

【成语典故】

春秋时期，楚国贵族叶公子高很喜欢龙，生活中处处有龙的图案：用的衣带钩上雕着龙形，喝酒的酒器上刻着龙纹，屋室住所里也到处镂刻装饰着龙。大家都知道他喜爱龙，连天上的真龙都知道了，于是下凡来到叶公家里。真龙从窗户探进脑袋，把龙尾伸到厅堂里，叶公看了吓得魂飞魄散、面无血色，转身就逃走了。可见叶公并不是真的喜欢龙，他只不过喜欢那种看起来像龙却又不是龙的东西罢了。

【文化内涵】

龙是我们中华民族崇敬的神物，人们认为龙神通广大，可以沟通天地、呼风唤雨。

早在几千年前的史前时代，先民便综合许多动物的特点设计出了龙的形象。随着历史的发展，龙的外形不断发生着变化，最后慢慢固定下来，人们又根据龙的不同形态将其分为走龙、坐龙、行龙、盘龙等。

在封建帝制时代，龙因其代表尊贵、权威，于是逐渐变成了帝王的象征。许多与皇帝相关的事物被冠以龙的名字，比如皇帝本人被称为真龙天子，还有龙颜、龙袍、龙脉等。

民间也很喜欢龙，将其看成勇猛、吉祥的化身，所以又在节日里发展出赛龙舟、舞龙灯的传统。

【代表文物】

这是大约五千年前红山文化的玉龙，和我们后来看到的龙形象上有很大的差异，但它蜿蜒有力的身躯、突出的吻部、颈项后飘飞的长鬣和飞扬的神采,已经完完全全展现出龙的威严和神异,被誉为"中华第一玉龙"。

碧玉 C 形龙
新石器时代
中国国家博物馆

这种首尾几乎相接、身体盘曲成一个"圈"的玉龙也是红山文化玉龙的典型特点。它们的原型到底是什么,现在还没有定论,有人认为是猪,有人认为是某种幼虫。

玉玦形龙
新石器时代
辽宁省博物馆

夜郎自大

【成语释义】

夜郎是汉代时我国西南地区的一个小国，夜郎自大比喻人无知又妄自尊大。出自西汉司马迁《史记·西南夷列传》。

【成语典故】

西汉时期，在我国的西南地区有一个小国名叫夜郎国。它的国土面积很小，人口不多，物产也不丰富，但在那一片的其他国家更小更落后，所以夜郎国国王就一直以为自己的国家是天下最强大的。

汉武帝时期，为了寻找传说中的身毒国（也就是印度），便派使者寻找捷径，从西边的蛮夷之地向西进发，于是来到了地处西南的这些小国。

使者先是到了滇国（位于现在云南昆明一带），滇王傲慢地问他："汉朝和我的国家相比，哪个大？"使者没想到滇王如此无知，竟然以为自己区区小国和大汉旗鼓相当。后来，使者来到夜郎国，夜郎国国王又问使者："汉朝和我的国家相比，哪个大？"使者被这些小国惊呆了，不过也马上明白了，他们之所以不知天高地厚，是因为当时这些地方处于崇山峻岭的包围之中，交通很不方便，与外界交流也很少，他们根本没有出过门，所以不知道外面还有汉朝，更不知道世界有多大。

【 文化内涵 】

据考证，汉代的夜郎国大约在现在贵州省六盘水、毕节一带。在汉代，这里盘踞着一大批小的部落国家，其中最大的就是夜郎国。汉武帝时期，夜郎国开始朝见汉朝，国王被封为夜郎王。到了汉成帝时期，夜郎国起兵反汉，被汉朝派兵诛灭，后来这里被设为郡县。

由于此地蛮荒偏远,山川河流众多,道路崎岖难行,生活条件艰苦,夜郎县在唐代成为著名的流放地,唐诗中经常出现"夜郎"之名,许多都与流放有关。

其中一首是李白听说好友王昌龄被贬后连夜写的《闻王昌龄左迁龙标遥有此寄》:"杨花落尽子规啼,闻道龙标过五溪。我寄愁心与明月,随君直到夜郎西。"

不过,李白万万没有想到,几年之后他也因为受到牵连而被判罪流放夜郎。这一次,他的诗《南流夜郎寄内》写给了自己的妻子:"夜郎天外怨离居,明月楼中音信疏。北雁春归看欲尽,南来不得豫章书。"诗中流露出无尽的失意和悲愤以及对妻子家人的思念。

听闻李白被流放,当时远在甘肃的杜甫十分牵挂李白的境遇却无力亲自前来送别,竟然多次梦见李白,于是写下两首情真意切的《梦李白》。"冠盖满京华,斯人独憔悴。孰云网恢恢,将老身反累。千秋万岁名,寂寞身后事"是其中的名句。

后世或许是不忍心李白在夜郎身陷愁苦之中,于是有人提出在李白刚行到白帝城、准备途经四川去夜郎的时候，忽然接到了皇帝赦免的诏书，李白便放舟东下，留下那首著名的《早发白帝城》，内心的阴霾一扫而空，他的心情也恰如一日千里的轻舟那般欢愉畅快。

【代表文物】

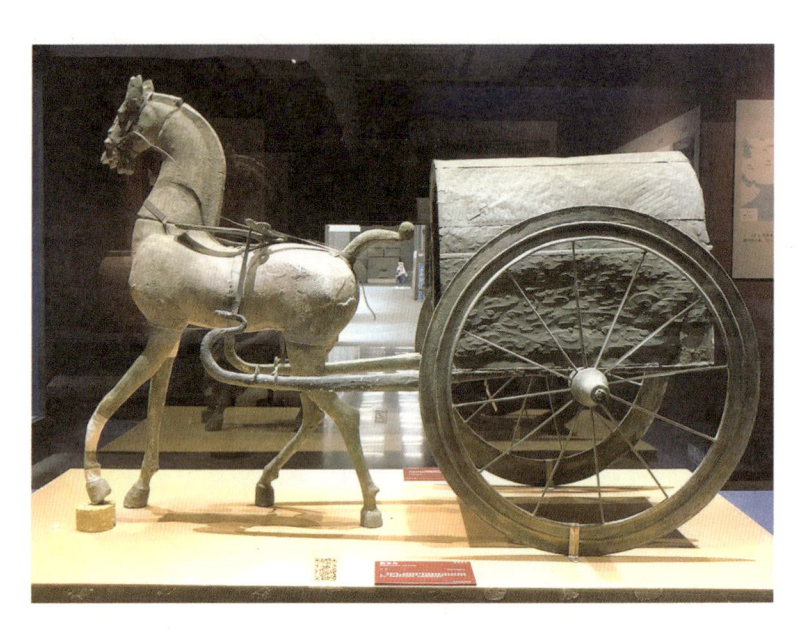

铜车马
东汉
贵州省博物馆

虽然夜郎是个偏僻的小地方，但这里的青铜制作技艺水平却并不低。这件铜车马造型逼真，马儿的神情饱满，身形十分矫健奔放，体现了很高的艺术水准。这辆车由大约三百个零部件组成，在目前已经发现的汉代车马里，是难得的精品。

一箭双雕

【成语释义】

原指射出一箭,同时射中两只雕。形容射箭技术高超,也比喻做一件事达到两个目的。出自唐代李延寿《北史·长孙晟传》。

【成语典故】

南北朝时期是我国历史上少有的混乱时期,南方是宋齐梁陈四个政权前后相继;北方一开始由北魏统一,后来分裂为东魏和西魏,它们又分别被北齐和北周取代。后来的隋朝就是在北周的基础上建立起来的。

北周疆域很大,它的北方边境上有突厥,西北有吐谷浑,西南则有党项,这些少数民族都十分勇武强悍,所以为了安定边疆,北周也要送公主与少数民族首领和亲。

当时北周有一个名叫长孙晟的人,智勇双全,射箭更是百发百中,堪称举国上下第一神射手。所以,北周国王决定把公主嫁给突厥王的时候,便派长孙晟率领军队护送公主。

和亲的队伍历尽辛苦到达突厥时,受到了突厥王的热情招待。尤其是一路保护公主安全的长孙晟,更是受到了款待。

大家饮酒作乐了好一阵子,宴会的气氛被推向了高潮。按照突厥人的习俗,这时他们要乘着酒兴进行比武表演,以此为宴会助兴,连贵宾长孙晟也被突厥王盛情邀请一展技艺。

突厥王递给他一张硬弓,又让人在百步以外悬挂好一枚铜钱,只等长孙晟拉弓射箭。

长孙晟也不多推辞,一下把硬弓拉成满月,只听"嗖"的一声,利箭应声穿过铜钱的方孔,众人无不为他的技艺惊绝,北周的猛士也深深折服。

自此，突厥王更加敬重长孙晟，常常与他一起出行射猎。有一次行猎途中，突厥王抬头望见空中两只雕正在争夺一块肉，充满期待地对长孙晟说："你能把这两只雕射下来吗？"说着，他递过去两支箭。长孙晟却只接过一支，说："一支便够了。"

只见他不假思索地对准两只雕，开弓便射。众人顺着他的箭看去，箭到之处，两只雕被穿在一起从空中坠落在地。

【文化内涵】

雕是一种飞行能力极高的猛禽，又极其强悍，相当于草原上的"空中霸主"，受到北方民族的普遍崇拜。由于雕极难射中，所以古代北方的游牧民族把能够射中雕的人看作勇士和神射手。

根据史书记载，历史上很多著名的将领和帝王都有射雕的爱好，比如南北朝时北齐的名将斛律光以及唐太宗李世民等人，便是个中高手。

不过，人们射雕并不为了吃肉，大多只是为了展示自己的英雄气概。古人倒是常常会驯养雕、隼等猛禽的幼鸟,把它们训练成猎鹰,帮助人们捕猎。

北方民族在射雕时展现的风采和霸气,曾经给前去边地的中原汉族官员留下过极为深刻的印象,所以不少诗文中都有对他们的赞美。苏辙曾出使辽国,便留下了"弯弓射猎本天性,拱手朝会愁心胸"的诗句。

【代表文物】

这是一件构思绝妙的陶器。它的造型敦厚稳健,彰显了鹰的勇猛,两只瞪得溜圆的大眼睛又平添了可亲的憨态,不会让人望而生畏。鼎的三只足是神来之笔,它利用了鹰的两只爪子和尾巴作为三个支点,效果浑然天成。

下图中,画面表现的是元世祖忽

陶鹰鼎
新石器时代
中国国家博物馆

必烈和蒙元勇士们出猎的场景，画面中间那位骑着黑马、形象更加威武高大的就是元世祖。画中最左侧的少年拉满了弓，顺着他射箭的方向，我们可以看到天上高高地飞翔着两只猛禽。画面前景处有一位白马蓝衣的猎手，他的胳膊上架着的就是被驯养的猛禽海东青，它常常被放上天空帮人们猎捕天鹅。

刘贯道《元世祖出猎图》
元
台北故宫博物院

一枕黄粱

【成语释义】

黄粱指小米,一枕黄粱指在煮熟小米饭的时间里做的一场好梦。比喻虚幻的事情、不切实际的空想和破灭了的希望。出自唐代沈既济《枕中记》。

【成语典故】

唐朝开元年间,有个叫吕翁的道士修成了神仙之术。有一天他要去邯郸,半路上住进旅店正在休息,便看见一个年轻人穿着粗布衣服,骑着青色的马,也来旅店暂作休息。

这个年轻人名叫卢生,他和吕翁坐在一张席子上交谈甚欢。过了一会儿,卢生看着自己身上破旧的衣服叹息道:"唉,大丈夫在这世上不得志啊,竟然困窘到如此地步!"吕翁说:"看你的身体无病无灾,言谈举止很得体,也有见识,怎么还这样感叹啊?"卢生说:"我这不过是苟且偷生啊!大丈夫活在世上应该建功立业、出将入相,能为家族带来财富和荣耀,才算得上是正途啊!我也曾致力于学习,娴熟地掌握了礼、乐、射、御、书、数六种君子必备的技能,觉得自己完全可以得到高官厚禄。可是现在却一无所成,还得在田里劳作,这不是困顿又是什么啊?"说完,他便眯起眼睛,想要睡一觉。这时,店主正在蒸小米饭,吕翁就从自己的包袱里拿出一个枕头递给卢生,对他说:"你枕着这个枕头睡吧,这样就可以如你所愿了。"

那是一个青瓷枕头,枕头两端有孔。待卢生在枕头上刚一睡下,那个孔就越变越大,里面还有光亮,卢生便走进去回到了家里。

几个月后,卢生娶了清河的望族崔家的女儿做妻子,她不仅长相秀美,而且家里也十分富裕。就这样,卢生的服饰和出行的车马都越来越华贵漂亮。

第二年，卢生参加科举考试，一下就考中了进士，被授予了官职。后来他参加官员选拔，慢慢从渭南县尉升迁为监察御史，又被提拔为起居舍人等官职，三年后还被任命为陕西的地方官。由于他在水利建筑方面很有专长，从陕西开河八十里，解决了当地的交通问题，为当地的老百姓造福，人们为了感激他的功德，还专门刻石碑记录他的政绩。后来他又当了许多地方的地方官，都很有成绩，最后皇帝升任他到京城做了京城的最高长官。

当年，唐玄宗正在对付西北边境上的少数民族，酒泉、敦煌一带被攻陷，当地的节度使被杀，黄河、湟水一带告急。于是，皇帝任命卢生担任御史中丞、河西节度使的要职，让他带兵平定边疆。

卢生不负所托，在边境上大破敌军，斩杀数千首级，为大唐开疆拓土几百平方里，还建了三座大城把守要塞，当地的老百姓在居延山又为他立碑歌颂他的丰功伟绩。

功勋卓著的卢生回到朝廷受赏，官职又层层加升，一直做到了户部尚书兼御史大夫，既成为当时朝廷最炙手可热的人物，又在老百姓当中获得了极高的声望和口碑，便引起了宰相的嫉妒，不幸被贬。不过他很幸运，三年之后皇帝又把他召到身边，并且很快便升任他为宰相。位极人臣的他和另外两位宰相共同执掌朝政十多年，辅佐着皇帝将国家治理得欣欣向荣，当时人对他称道不已，都认为他是古今难得的贤相。

可是，因为他的功劳太大，同朝的官僚一直在找机会诬陷他，最后诬告他勾结边疆的将领意图不轨。皇帝听信谗言，要把他关进监狱。于是官吏带领随从来他家抓人，卢生此时惊恐万分，眼看自己生死未卜，交代妻儿说："我的老家在山东，家里有五顷良田，本来足够吃饱穿暖，唉，我何苦非要苦苦寻觅高官厚禄啊！如今落到这步田地，想再回到当年那穿着粗布衣服、骑着马儿的日子也不可能了啊！"哀叹过后，他就想寻短见，多亏妻子苦苦抢救才保住了他的性命。

卢生遭到了流放，过了几年，皇帝查明真相后，又让他官复原职，并且册封他为国公，荣宠比早年更盛。

后来，卢生又有了几个儿子，个个才华出众，能力过人，一家的地位也越来越显赫。到了老年，卢生多次请求告老还乡，皇帝都不允许，直到他病重在床，皇帝还一直派人来探望他，并请尽天下的名医，用尽天下名药，想要延续他的生命。

卢生回顾自己的一生，从山东一个小小的儒生一路建功立业，位极人臣，人生锦绣繁华，享受到他自己原来想都不敢想的荣华富贵，获得了难得的清誉和美名，于是诚恳地感激皇帝对他的嘉赏。

当天晚上，卢生就病死了。正当他断气之时，卢生一下子惊醒，转身坐了起来，再定睛一看，原来一切还是老样子——自己还睡在旅店里，吕翁坐在自己身边，店主做的小米饭还没有熟呢。

卢生回想起刚才那个长长的美梦，急切地自言自语道："难道那只是个梦吗？"吕翁对卢生说："人生所经历的辉煌，也不过如此啊。"卢生呆坐良久，心里又一次重温起那个梦，转向吕翁谢道："人生的荣辱，命运的穷达，得失的道理，生死的情形，我这下子已经全然知悉了。先生这是在遏止我的欲念啊，我岂能不接受您的教诲呢！"说完，他又向吕翁拜了一拜，便离开了。

【文化内涵】

人类使用枕头的历史很长。从远古时期，人们就开始找高度合适的石头，或者把树皮、草木捆在一起，这就是枕头的雏形。到了商代，出现了专门的枕头，现在我们能看到的最早的枕头实物是战国时期的竹枕。

枕头的材质特别丰富，常见的有木枕、竹枕、铜枕，还有玉石枕、水晶枕、琥珀枕等。在汉代的贵族墓葬中，发现不少金镶玉的铜枕，这是级别相当高的陪葬品。

隋唐时期迎来了陶瓷枕头的迅速发展，它便于塑形，还可以绘画、题诗，因此形态多样，别具意趣。

软枕的材质则和我们现在用的枕头差不多，多数是以棉、麻、丝甚至毛皮或者皮革制成枕面，再在其中填充麦草、棉花等物。只可惜，软枕更难保存，所以现在可以见到的早期实物很少。

古人认为枕头的高度要恰到好处，"无忧四寸，长寿三寸"说的就是枕头的高度,也是"高枕无忧"一词的来历。

【代表文物】

这是一种造型特殊的软枕,枕头中央微凹,两端尖尖的像是鸡首,还装饰着锯齿状的鸡冠,看上去像昂首高歌的公鸡,所以人们称它为"鸡鸣枕"。在新疆一带,鸡鸣枕从汉代到唐代都很流行,大家希望借雄鸡打鸣的形象来催人奋进。

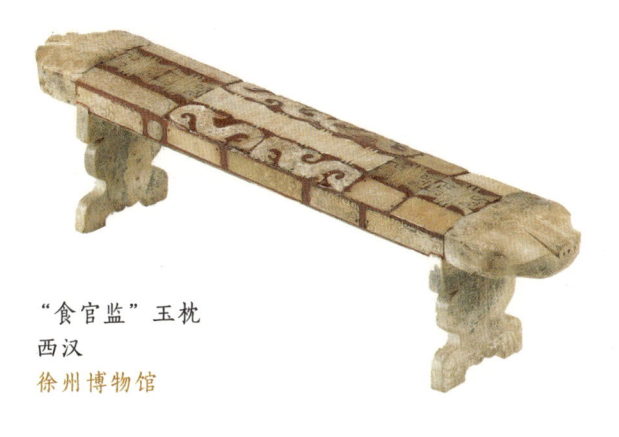

"延年益寿大宜子孙"锦鸡鸣枕
东汉
新疆维吾尔自治区博物馆

"食官监"玉枕
西汉
徐州博物馆

愚公移山

【成语释义】

比喻以顽强的毅力和不怕困难、人定胜天的斗争精神去征服自然，改造世界。出自战国列御寇《列子·汤问》。

【成语典故】

古时候，太行王屋两座大山方圆七百里，高八千丈，原本在冀州的南边、黄河的北边。

北山有一个老头被人称为愚公，年纪将近九十岁了。他居住的地方就面对着山，交通极其不方便，出门、回家都要绕很远的路。愚公长期以来深以为苦，就把全家人聚集到一起商量说："我想和你们一起尽全力把这险峻的大山铲平,让道路可以一直通向豫州的南部,直达汉水南岸,好不好啊?"家人纷纷表示赞成。不过,愚公的妻子却提出疑问说:"凭借您这小小的力量,连魁父这样的小山都不可能铲平,您又能把太行、王屋这两座大山怎么样呢?况且,铲下来的土石放到哪里去呢?"众人七嘴八舌地说:"把土石扔到渤海边上,扔到薄州北面。"说干就干,愚公率领子孙中挑得动担子的三个人开始上山凿石挖土,又用大竹筐把这些土石运到渤海边上。邻居家的寡妇有个七八岁的儿子,看到愚公干活,也蹦蹦跳跳地前去帮助他们。冬夏换季,他们才往返一次。

  河曲一个被大家视为智慧长者的老头听说了这件事,前来阻止愚公,并且充满嘲讽地笑话他说:"你也太不明智了!就凭你这把老骨头,还有几年好活?还有多少力气?你连山上的一草一木都难以铲平,又能把这山上的泥土、石头怎么样呢?"愚公长长地叹了口气,对他说:"你的头脑真是顽固僵化啊,连寡妇、小孩都不如。就算我死了,我还有儿子在;儿子又生孙子,孙子又生儿子;儿子又有儿子,儿子又有孙子;

子子孙孙可以不断繁衍,没有穷尽,但山却不会增加高度,又何必担忧铲不平呢?"听到这番话,这个所谓的智慧老头无言以答。

山神听说了这件事,担心愚公真的不停地挖下去,便向天帝报告了这件事。天帝被愚公的诚心打动了,命令大力神夸娥氏的两个儿子把那两座山背走了,一座放到了朔方的东面,一座放到了雍州的南面。从此,冀州的南部一直到汉水南岸,再也没有高山阻隔了。

【文化内涵】

愚公移山的寓言里提到了很多带"州"的地名。传说在远古时期,大禹治水以后就把天下划分成九州,分别是豫州、青州、徐州、扬州、荆州、梁州、雍州、冀州和兖州。其中有些地名被保留至今,只是包含的区域发生了很大的变化。自此以后,人们就开始用"九州"代指中国。

根据《说文解字》中的说法,"州"是指水中可居住的地方,也就是说古人习惯居住在靠近水边的地方。西周实行分封以后,神州大地上便建立起许多诸侯国,于是人们习惯称一个地方为"国"。

秦统一全国之后,不再分封诸侯国而推行郡县制,全国又被划分为36个郡县,人们就直接称某地为某某郡、某某县了。

到了汉武帝时期,中央为了加强对地方的控制,把全国重新划分为13个州部,于是"州"这个古老的名称又开始流行起来,一直到唐宋时期,州都是重要的地方一级行政单位,全国各地遍布着"州"。我们现在可以找到的带"州"字的城市名称,大部分都和唐宋时期有关。

到了元代,地方行政单位从州、县变成了行省、路、府、州、县,州的行政地位下降了很多。到了明清时期,又变成了省、府、县三级,"州"这级行政单位不复存在,只有很小一部分特殊地区还保留着"州"。由于许多"州"的名字早已深入人心,所以就被沿用下来,成为地名的一部分。

【代表文物】

徐悲鸿创作了一幅《愚公移山》,当时中国人民的抗日战争正进入危急时刻,画家想借愚公移山这个主题振奋民众,表达中国人民必将胜利的勇气和信心。

这件作品是一幅长421厘米、高144厘米的巨幅画作,画面中既有须发皆白的老者,又有稚气的儿童和瘦弱的妇女,更有身材魁梧、奋力劳动的壮年男子,他们的形象顶天立地,充满张力。画家想借不同的人物形象反映出全民抗战的决心和热诚。

在画法上,徐悲鸿使用了中国传统的纸本水墨形式,融汇了西方绘画中的解剖、透视、明暗等技法,形成了他独创的"中西合璧"的现实主义风格。

徐悲鸿《田横五百士》
1928—1930
徐悲鸿纪念馆

鹬蚌相争，渔翁得利

【成语释义】

比喻双方争执不下，两败俱伤，让第三方占了便宜。出自《战国策·燕策二》。

【成语典故】

战国时期，各诸侯国为了自己的利益可能互相征伐，也可能相互联合，关系常常很微妙。

有一次，赵国想要攻打燕国，燕国就派了一个名叫苏代的谋士去劝说赵王。苏代给赵王讲了一个故事：一只河蚌在河岸边晒太阳，它刚刚张开贝壳，旁边就飞来一只水鸟鹬，伸出又尖又长的嘴要啄食蚌肉，河蚌吓得赶紧闭起了贝壳，一下子把鹬的长嘴给夹住了。鹬甩不开河蚌，于是非常生气地警告河蚌说："你快快张开贝壳，要不然今天不下雨，明天不下雨，我看你怎么活得了！"河蚌却丝毫也不让步，它说："你可别得意，我今天不放你，明天不放你，我倒要看你怎么活！"正当鹬和河蚌吵得不可开交的时候，一个老渔翁发现了它们，于是不费吹灰之力就把它们俩都捉住了。

讲完这个故事，苏代告诉赵王，如果赵国攻打燕国，就像是鹬和蚌在争斗，两个国家相持不下，日子一长，双方不仅得不到任何好处，还会两败俱伤。而现在强大的秦国则像那个渔翁，等两国互相消耗、实力大减之后，秦国就会一举收拾两国，那就不好办了。

听了这个故事，赵王恍然大悟，权衡之后便放弃了攻打燕国的念头。

【文化内涵】

春秋战国时期不乏鹬蚌相争，渔翁得利的事例。

自春秋时期开始，实力强大的诸侯国便会组织一些实力稍弱的国家在一起会盟，以确立自己的霸主地位。到了战国时，魏国经过三代国君的努力，经济和军事实力已经相当强盛。第三代国君魏惠王想彰显自己的权威，于是计划在河南一个名为逢泽的小城举行会盟，借机昭告中原诸侯自己才是真正的霸主。

受邀参加会盟的有十二国的诸侯，还有当时名存实亡的周天子。魏惠王在各路诸侯面前大摆威风，所用的仪仗都是只有天子才能用的规格，这显然是既不把当时的周天子放在眼里，也根本不怕其他诸侯反对。魏惠王在诸侯间发号施令，耀武扬威，不可一世。

前来会盟的诸侯国中，宋、卫、邹、鲁、陈、蔡等小国自然不敢对此有什么意见，而作为战国七雄的赵国和秦国却各怀心事。赵国因为收到了魏惠王送的土地，因此早与魏国结盟；而紧邻魏国的秦国虽然时时刻刻都想置魏国于死地，但也清楚现在自己的实力还无法和魏国匹敌。为了麻痹魏惠王，秦国便极力赞颂他的功绩和实力，并且力劝他称王，还劝他称王之后再讨伐齐、楚等强国。

果然，在秦国的奉承之下，魏惠王的虚荣心极度膨胀，他傲慢地自称"夏王"，引起了其他诸侯国的强烈不满和声讨，实力从此大大受损。而秦国却坐收渔人之利，不费一兵一卒就解除了魏国的威胁。此后秦国再向东进，魏国便再也无力独自阻止了。

【代表文物】

从春秋战国时期开始，文学作品中就不断把渔父塑造成性情孤高、避世脱俗的隐士形象，唐代还产生了《渔歌子》的曲子，后来被用作词牌填词。张志和在《渔歌子》中生动地勾勒出了渔父的经典形象："西塞山前白鹭飞，桃花流水鳜鱼肥。青箬笠，绿蓑衣，斜风细

吴镇《洞庭渔隐图》
元
台北故宫博物院

雨不须归。"

从宋代开始,渔父题材受到画家特别的喜爱,尤其在隐居的文人画家手中,渔父的形象就成为他们自己的象征。元代的吴镇画过许多渔父题材的绘画,还在画上题过许多诗歌,最著名的一句是:"兰棹稳,草衣新,只钓鲈鱼不钓名。"

运斤成风

【成语释义】

原指挥动斧头就有风的声音,形容技术高超,手法熟练。出自战国庄周《庄子·徐无鬼》。

【成语典故】

在《庄子》一书中,一个名叫惠子的人总与庄子辩论,又往往辩不过庄子,只好听庄子讲他的道理,自己却说不出话来。

惠子名叫惠施,是庄子的好朋友。在他死后,庄子为他送葬,在他的墓前凭吊他,追忆两个人曾经的辩论,讲了一个故事:

楚国的郢地有一个人,把白垩涂在自己的鼻尖上,这一点白垩像蚊子苍蝇的翅膀那样又小又薄。这个人又叫来一个叫匠石的人,让他用斧头把这个小白点刮掉。匠石把斧子挥动得呼呼作响,手起斧落之间便把这个小白点刮得无影无踪,这个人的鼻子丝毫没有受伤。那个楚国人站在那里神色自若,也不见丝毫慌张。宋元君听闻了这件事,就把匠石召来,对他说:"请你尝试着为我表演下吧。"匠石却说:"我以前确实可以刮掉小白点,但现在,可以作为我搭档的那个人已经死去很久了。"

自从惠子死后,庄子就失去了对手,相当于匠石失去了他的搭档,所以庄子说自己已经找不到可以与之相互辩论的人了!

【文化内涵】

人们把古代兵器归纳为"十八般兵器",连相声里都有一套贯口:"刀枪剑戟,斧钺钩叉,镋棍槊棒,鞭锏锤抓,拐子流星,什么带尖儿的、带刺儿的、带棱的、带刃的、带绒绳的、带锁链儿的、带倒齿钩的、带峨嵋刺儿的,十八般兵刃我是样样稀松。"

在古代，斧作为一种兵器，常常与钺（yuè）联称，它们形制近似，用途也相近，都是用来劈砍。一般宽大扁平的为钺，多用作仪仗的礼器；更小更厚的为斧，多作为实用兵器。

商周时期，钺也常常作为统帅的兵器，主要为了彰显权威，所以很多钺极其宽大，钺面还铸上了代表特殊含义的图案。有的钺背上还镶嵌着绿松石，显然不是为了实际作战使用的。据先秦时期的兵书《六韬》记载，周武王军中有一把巨大的斧子，刃宽八寸，重八斤，柄长五尺以上，名为"天钺"。试想一下，真的挥舞着这样的兵器作战，该是多么笨重啊！

斧更加轻便，所以实用得多。历史上很多人以它作为兵器，最著名的就是唐代开国元勋程咬金的"三板斧"和《水浒传》中黑旋风李逵那两把可怕的板斧了。

【代表文物】

西汉时期，云南昆明一带属于古滇国，他们的青铜兵器上常常会使用动物之间相互搏斗的图案作装饰，

很有滇国的地方特色。比如这把斧上的鸟践蛇，还有虎噬鹿、豹衔鼠、虎熊相搏等，展现出一种原始蛮荒的力度感。

二鸟践蛇饰铜斧
西汉
云南省博物馆

嵌绿松石钺
商
中国国家博物馆

青铜钺
商
中国国家博物馆

朝三暮四

【成语释义】

原本指玩弄手法欺骗别人,后用来比喻常常变卦,反复无常。出自战国庄周《庄子·齐物论》。

【成语典故】

春秋战国时期,有个宋国人养了一大批猴子,大家都叫他狙公。狙公很喜欢猴子,能与它们交流,也懂得它们的心理,所以他把这群猴子养得很好。

有一年村子里粮食歉收,狙公没有充足的粮食给猴子们吃,只能想办法缩减猴子每天的口粮,但他又担心猴子们不高兴,于是和猴子们商量。狙公说:"现在我们的粮食不够吃了,所以从明天开始,我们只能每天少吃一点。我想每天早上给你们三颗栗子,晚上给你们四颗,你们看这样行吗?"

猴子们一听说狙公要减少它们的口粮,都龇牙咧嘴地发起火来,吵吵闹闹表示反对。狙公一看这个情形,马上就改口说:"好吧好吧,你们看这样行不行,我每天早上给你们四颗栗子,晚上给你们三颗,这总该可以了吧?"

猴子们一听说早上有四颗栗子,以为吃到的栗子增加了,就高兴地同意了。

【文化内涵】

猿与猴由于与人类样子相近,所以人们对它们的感情很特殊,在文学作品中它们常常作为人类的对照物,以反映人情世理和生活态度;有时候,猴子还会被看成是对人类的拙劣模仿,人们会通过它们的丑态来警醒世人,比如猴子捞月、杀鸡儆猴这些成语,还有猴子掰玉米掰一个扔一个、捡了芝麻丢了西瓜等寓言故事的主角都是猴子。

不过,由于"猴"与"侯"谐音,古人便对猴子寄予厚望，希望借它的喜气加官晋爵。于是人们让猴子与大象组合在一起，寓意"拜相封侯"；让猴子骑在马背上寓意"马上封侯"；有时候更让猴子身上背着印章，寓意"封侯挂印"。

猴子喜欢吃桃子，而桃子在我国文化中又是吉庆、长寿的象征，所以人们也喜欢塑造猴子托着桃子的形象，名为"金猴献瑞"。

我国文化中知名度最高、最受欢迎的猴子当然是美猴王孙悟空。从元代开始，各地就开始涌现以孙悟空为主角的戏剧，花果山、大闹天宫、盘丝洞、三借芭蕉扇、三打白骨精等重要片段被不断表现，成为极具代表性的传统"猴戏"剧目。直到现在，我们的动画片、电影、电视剧等，只要打出孙悟空这个"大 IP"，就总是会有超高的人气。

【代表文物】

易元吉是宋代以擅长画猿猴闻名的画家，猿猴毛茸茸的身体在他笔下显得真实自然，它们的动作也活泼可爱、生动有趣。易元吉画的猿猴表情丰富，显得深通人性。《猴猫图》中的猴子被系在小木桩上,怀里还抱着一只小猫,神情很是得意。看样子应该是两只小猫经过,毫无防备地被它揽入怀中,所以怀中的那只小猫正斜眼打量着这个"怪物",另一只侥幸逃脱的小猫则像是要伺机救出小伙伴,神情相互呼应,很有趣味。

易元吉《猴猫图》
宋
台北故宫博物院

易元吉还经常画成群出现的猿猴,充满温馨的家庭亲情。

易元吉《猿猴摘果图》
宋
故宫博物院

郑人买履

【成语释义】

履就是鞋子。这个成语指的是只知生搬教条而不参考实际情况的做法。出自战国韩非《韩非子·外储说左上》。

【成语典故】

从前有个郑国人，想要到集市上买鞋。他先在家仔细量好了自己脚的尺码，然后把尺码郑重地记录下来放在座位上。结果等他到了集市上，发现自己记的尺码忘带了，于是匆匆忙忙返回家里去取。

等他再回到集市上的时候，集市早就散了，他也没能买到鞋。这时候，有人看到他很沮丧的样子，问他怎么回事，得知情况后便对他说："你为什么不用你的脚直接试穿一下鞋子呢？"郑国人却说："我宁可相信量好的尺码，也不相信我自己的脚啊！"

【 文化内涵 】

早在远古时期，先民为了保暖和保护足部，就发明了鞋子。五千多年前，人们就学会了用兽皮缝制鞋，三千多年前已经出现了代表鞋的"履"字。

随着物资的丰富，制鞋的材料越来越多，主要有草葛、布帛和皮革；鞋的样式也越来越丰富，有尖头的、平头的、高筒的、浅口的等；人们还常常会在鞋子前端装饰各种纹样，就有了虎头鞋、花头鞋、云头鞋等。

到了清代，贵族女性流行穿一种"高跟鞋"，木质的鞋底上宽下圆，高达一至五寸不等，像一个花盆的形状，因此被称为"花盆底"。后宫里的妃子们穿的花盆底鞋鞋面上会绣着繁杂的花纹，有时候还镶嵌珠宝，甚至连木质的鞋跟上都会用珠宝嵌上各种吉祥文字或者图案，奢侈无比。

在古代高级别的贵族墓里，有时候也会发现用于陪葬的玉鞋或者金银鞋。

银鞋
南宋
衢州市博物馆

【代表文物】

图片上这些都是清代皇帝、皇后和皇子穿的鞋靴。

右侧的朝靴是康熙皇帝春秋天穿的。明黄色的缎面上使用了大量金线织绣出金边，又用白色的米珠和红色的小珊瑚盘出各种花纹，彰显了皇帝至高无上的尊贵身份。

黄云缎勾藤米珠靴
清
故宫博物院

花盆底鞋是清代光绪皇后穿的。花盆底的鞋跟上用各种颜色的小珠子拼出"万""寿"等吉祥字眼以及"福在眼前"的纹样，寓意吉祥长寿，实在是奢侈品中的奢侈品。

嵌料石万寿字花盆底女鞋
清
故宫博物院

虎头鞋是清代的小皇子们穿的，把虎头装饰在孩子的鞋子、帽子上是我国古代的传统，直到现在仍在延续。虎头鞋表达了父母对孩子避疾消灾、健康成长的美好愿望，这一点无论是民间还是宫廷都不例外。

黄缎钉金线虎头小袷鞋
清
故宫博物院

只许州官放火，不许百姓点灯

【成语释义】

形容旧时的专制统治者可以为所欲为，而老百姓却没有任何正当行动的自由。出自南宋陆游《老学庵笔记》。

【成语典故】

北宋时，有一个名叫田登的人当了常州太守。这个人对他管治下的百姓十分专制蛮横，不许州内百姓提到他名字里的"登"字，连同音的字都不行，如果遇到了，必须用其他字来代替。如果谁敢违反，就要被加上侮辱长官的罪名，重重责罚。他手下的很多吏卒因为不注意说到了与"登"同音的字,都遭到了鞭打。一时之间弄得人心惶惶,大家都生怕一不小心犯了他的忌讳。

正月里,一年一度的元宵节就要到了。按照常州城的惯例,每年人们都要放三天的花灯来庆祝,州府衙门也要提前张贴告示,通知老百姓看灯的安排。可是这一次,大家都犯了难,不知道怎么才能既不提"灯"字,又把"灯"的意思表达出来。想来想去,出告示的小官员终于想到了一个办法,他把告示里需要用到"灯"的地方统统改成"火",于是告示上就写成了:"元宵节本州照例放火三天,百姓可以上街观火。"

告示贴出来以后,老百姓看了都吓了一跳,以为州官要放火烧城,外地来的人更是吓得连夜逃跑,以为这里发生了什么大祸。最后大家终于搞清了事情的缘由,都愤怒地大骂田登:"只许州官放火,不许百姓点灯,这是什么世道!"

【文化内涵】

我国古代有一种特殊的制度——避讳,分为公讳和家讳两种。

公讳指的是臣下在说话或者写文章的时候，不能用到君主名字中的那些字。如果不得不用到，通常的办法就是换一个字。这种例子比比皆是。比如故宫的北门原本叫玄武门，但清代康熙皇帝名叫玄烨，为了避他的名讳就改成了神武门；南京在西晋时名建邺，后来为避晋愍（mǐn）帝司马邺的名讳改为建康。还有的历史人物也因为与皇帝重名，后来不得不改名，比如东汉明帝名为刘庄，当时的人不得不把战国时期的庄子改称"严子"。

还有一种是家讳，也就是避开祖父、父亲的名字，这在士大夫阶层中十分盛行。唐代甚至规定如果一个人做官，官名的字里恰好有祖父或者父亲的名讳，那就应该申请调任其他官职，比如祖父或父亲的名字里有"常"字，就不能担任"太常"一职。

这种避讳制度体现了对尊者和长者的崇敬，但有时候也会显得荒诞。比如唐代的"诗鬼"李贺，他的父亲名叫晋肃，有人说这两个字与"进士"谐音，认为李贺应该避家讳不得考进士，李贺的一生也就真的因此无缘科举，终生壮志难筹，27岁便郁郁而死。爱惜他才华的韩愈还专门写了《讳辩》一文替李贺叫屈，文中愤然质问道："父亲叫晋肃，儿子就不能考进士；如果父亲名字里有仁，儿子岂不是不能做人了吗？"即便如此，韩愈的文章终究也没有战胜强大的避讳传统。

【代表文物】

古代人用的灯是油灯，油灯燃烧的时候会产生油烟。为了避免污染室内的空气，人们就想出很多办法来吸收油烟。到了汉代，人们找到了一种巧妙的办法：在灯上罩一根烟管，让油烟通过烟管吸到灯体内，当灯体内的油烟积累到一定程度，就可以拆卸进行清洗，完美地解决了

长信宫灯
西汉
河北博物院

只许州官放火，不许百姓点灯

污染问题。

由于灯被设计成各种有趣的形状，既掩饰了难看的烟管，又增加了它们的艺术性，单看上去也像是一件富有趣味的雕塑作品。

西汉的长信宫灯、雁鱼灯都是艺术性与实用性结合的绝妙作品。

雁鱼铜灯
西汉
山西博物院

自相矛盾

【成语释义】

比喻说话办事前后不一致或互相抵触。出自战国韩非《韩非子·难一》。

【成语典故】

战国时期,有一个楚国人在街上叫卖他的矛和盾。他先对着围观的人群夸耀自己的盾是用最好的材料制成的,所以十分坚固,任何东西都刺不穿它。过了一会儿,他又举起自己的矛说这是全天下最锐利的矛,没有任何东西可以阻挡得了。

就在他唾沫横飞、夸耀得正起劲的时候,围观的人群里传出一个慢悠悠的声音:"如果用你的矛刺你的盾，会怎么样呢？"这个卖货的人一下子哑口无言了。

【文化内涵】

矛和盾都是冷兵器时代重要的战争装备。

矛是出现得最早的长柄兵器之一，早在远古时期，先民们就会在尖利的石块后面绑上长柄，或者把木棒的前端削尖来投射猎物，这就是最早的矛。

随着青铜制造技术的发展，商周时期出现了很多制造精良的青铜矛，有的矛上还有金丝镶嵌的文字或者图案，显得极为绚烂华美。

春秋战国时期，盾大多是长方形或梯形的，也有一些是圆形的，盾的背面会装上把手便于手持遮护身体。

工匠用木头、藤条或者竹片制作盾的主体，再在外面涂上一层厚漆，还有的会蒙上一层生牛皮，目的都是使它更加坚固。许多盾的外面还会画上图案，或者装饰青铜制成的猛兽或者怪物的形象，以此来恐吓敌人。

随着技术的变革和战争规模的加剧,各种兵器也在不断被改进,杀伤力越来越大,战争也越来越惨烈。不过,兵器的优劣和人数的多寡绝不是战争胜负的决定性因素,否则历史上就不会有那么多以弱胜强的战例了。还是杜甫说得好:"苟能制侵陵,岂在多杀伤。"

【代表文物】

越王不光玉矛、越嗣王玉矛
战国
绍兴市柯桥区博物馆

用玉石制作的矛绝对不是用于实战的兵器,而是一种显示身份的仪仗器,彰显的是越王的高贵和威严。越嗣王玉矛通体刻满了细密的云纹,下端还有三角折线纹,这样的矛要是真用来交战,不出一个回合就折断了!

吴王夫差矛就是经过改进的,一道细细的凹槽从矛尖一直贯穿到底,大大提高了杀伤力。这道凹槽是血槽,主要是为了快速置人于死地,因为人体组织存在弹性,在锋利的武器刺入体内时,会夹住利器,阻止血液外流,因此人即使被刺中要害也可以坚持很长时间,而血槽则让人体和武器之间有了空隙,血就会迅速流出。这真是一种精妙又残忍的设计!

不过,纵然兵器如此锐利毒辣,夫差最终还是亡国身死,这更加证明了战争的胜负不是看谁的武器锋利!

吴王夫差矛
春秋
湖北省博物馆